POURQUOI MOI ?

CHRISTINE KELLY

Pourquoi moi ?

Fayard

Couverture : Studio Graph'M.
Photographe : Thierry Joli

ISBN : 978-2-213-73158-2

Dépôt légal : septembre 2025

CAS DE CONSCIENCE

Oubliez votre corps, et il se rappelle à vous.

Il se rappelle à moi le soir mémorable du 26 mai 2021. Je suis en plateau avec Éric Zemmour, animant mon émission *Face à l'info* sur CNews. Dix-neuf heures, l'émission vient de commencer. Fiches en main, je suis prête – du moins, je le crois – à tenir la rampe jusqu'à 20 heures : présenter, commenter, distribuer la parole à mes chroniqueurs est mon lot quotidien. Cet exercice requiert une concentration intense, dont je pense avoir l'habitude. Je suis plutôt une femme d'action, une femme de fond, une femme ancrée et concentrée.

Tout à coup, je ne comprends plus rien de ce que raconte Éric Zemmour. Plus étrange, mes chroniqueurs, eux, ne semblent pas perturbés par cette parole chaque seconde plus embrouillée.

Je jette un œil à mes fiches. Rédigées avant l'émission, elles me servent de fil conducteur. Je m'y réfère toujours pour mener les débats. Or, face à ces notes, mes précieux repères, je suis soudain perdue, désemparée. Mon incompréhension de ces annotations est totale. Qu'est-il écrit ? Qui a rédigé ces questions et ces commentaires ? Moi ? De seconde en seconde, je me sens perdre pied. Tout se passe comme si, au volant d'une voiture, je venais de m'engager sur l'autoroute, mais que subitement je ne sache plus conduire. Alors que j'ai mon permis depuis trente ans.

Certes, il ne s'agit que d'une émission de télévision. Pour autant, une sortie de route de ma part serait très préjudiciable aux chroniqueurs, à l'émission et surtout aux quelques centaines de milliers de téléspectateurs à qui je dois maîtrise, rigueur et neutralité. *Il va falloir reprendre le contrôle, Christine… sans rien laisser paraître de ton malaise, au risque de tout faire déraper.* Seulement, impossible de recouvrer mes esprits, la situation ne fait qu'empirer. Plus Éric Zemmour parle, plus mon cerveau est incapable de discerner son propos, plus mes notes me paraissent un fatras, du charabia. Plus rien n'a de sens. Un doute affreux me traverse : est-ce vraiment moi qui ai écrit ces textes ? Oui... je me revois rédiger ces fiches quelques heures plus tôt.

Pourquoi ma mémoire est-elle en train de m'échapper ?

Pourquoi je ne sais plus conduire, alors que, si je puis dire, je suis à cent soixante sur l'autoroute ? Excès de vitesse. Perte de contrôle du véhicule. Un véhicule plein de passagers.

Ne pas y penser. Je dois conduire, tenir le coup, action !

Passer la parole au chroniqueur suivant. Enchaîner en lui lisant une question écrite sur ma fiche. Cette question que ma voix porte, je n'y comprends rien. Au moins, je dispose encore de la capacité de la lire. Mon Dieu, faites que je sache lire jusqu'à la fin du direct... Répondant à mon invitation, le chroniqueur prend la parole. Je le regarde, lui prête toute mon attention, et j'espère... Pourvu que mes facultés intellectuelles et cognitives se rétablissent avant la fin de sa réponse.

Il termine.

Je suis toujours perdue.

De plus en plus.

Continue, Christine, trace ta route comme si de rien n'était. Reste calme. Ça, tu sais faire. Ne montre rien de ton désarroi. Ta marque de fabrique.

Toute l'émission se déroule dans ce chaos effrayant que je m'efforce d'invisibiliser. J'avance. Je pose mes questions. J'écoute les réponses.

Personne ne voit, personne n'imagine que je ne sais plus conduire.

Que se passe-t-il dans ma tête ?

Et ma fine équipe, mes chroniqueurs, qui ne remarquent rien. Non seulement leur discours ne revêt plus aucun sens pour moi, mais personne sur le plateau ne semble s'apercevoir que quelque chose cloche avec moi. Suis-je à ce point virtuose dans l'art de dissimuler mon trouble ?

Une évidence finit par s'imposer : le problème vient de moi. Mon cerveau est tombé en panne. Il est aux abonnés absents. Court-circuit dans ma tête, en plein direct, et pas moyen de réparer. Cette panne sera-t-elle irréversible ? J'aime autant ne pas y réfléchir, pas le temps, j'ai d'autres chats à fouetter : l'émission n'est pas arrivée à son terme, loin de là, j'ai le devoir d'aller au bout dans cet état-là. Sans doute l'émission la plus longue de toute ma vie.

L'air de rien, zen à souhait, je fais le tour de tous les chroniqueurs, les échanges s'enchaînent à un rythme parfait, comme à l'accoutumée, à cette exception près de mon avarie.

Fin de l'émission. Ouf ! ce soulagement.

Je reste un peu, tout le monde discute, j'écoute chacun, cherchant le moindre indice d'un dysfonctionnement visible dans leurs regards. Mon trouble semble être passé inaperçu. Mais l'émission a beau être terminée, j'ai beau avoir conduit mon petit monde sans encombre jusqu'à destination, mes facultés, elles, me font toujours défaut. Je suis hors service. En dérangement. Mon cerveau a pris la poudre d'escampette et il n'est toujours pas revenu de sa fugue.

Il s'agit maintenant de rentrer à la maison. Tout un poème. Pour commencer, je ne trouve plus mes clés de voiture. Ensuite, je ne me rappelle plus où je suis garée. Résoudre ces deux énigmes me demande vingt bonnes minutes. Quand, enfin, je réalise cet exploit, je m'autocongratule : *Bravo, Christine ! Tu mérites une médaille !*

Tout n'est peut-être pas complètement grillé dans ma tête.

Autre bonne nouvelle, je sais encore conduire une voiture. Aussi bien qu'au jour de mon passage du permis, à dix-huit ans et quelques jours. Finalement, je m'en serais mieux sortie sur une véritable autoroute que sur l'émission de ce soir.

À un feu rouge, une sonnerie me notifie l'arrivée d'un message sur mon téléphone.

« On se rejoint tout de suite chez toi. »

Panique : qui m'envoie ce message ? Qui est ce Fabien, signataire de ces mots et qui se permet de me rejoindre chez moi ? Et tout de suite ?

Je me gare sur le bas-côté de la route, cherche dans mon téléphone. Oui, cette personne est en effet enregistrée dans mes contacts. Est-ce moi qui l'y ai ajoutée ? Forcément. Donc, je connais cette personne ? Aucun souvenir… À mesure que je remonte le fil de mes messages, le nom Fabien devient familier. Pourtant, impossible d'y associer un visage.

Tout à coup, quelques-uns de mes neurones se reconnectent. Transmission à mon cerveau :

Il s'agit de ton agent, Christine, ton propre agent avec qui tu travailles depuis des lustres. Quelqu'un d'important, oui. Quelqu'un que tu connais très bien. Vous aviez rendez-vous ce soir, tu te souviens ? C'est la première fois que vous vous voyez en vrai.

Brusquement, je me le rappelle. À mon tour, je rédige un SMS, calme et relax :

« Oui, oui, bien sûr ! À tout à l'heure ! »

Je signe mon message d'un joyeux smiley.

***

De retour chez moi, je préviens tout le monde, baby-sitter comprise :

– J'ai un problème.

Bonheur néanmoins de retrouver ma famille et ma Léa après une grosse journée de travail. Mon cerveau n'oublie jamais ma fille, de bientôt sept ans. Cette connexion-là est solide et pérenne. Léa est mon ancrage et mon devoir. La famille qui se prolonge et se renouvelle. L'être qui donne tout son sens à ma vie.

Quelques minutes plus tard, Fabien arrive sur le pas de ma porte. Jeune agent de vingt-huit ans, il est extrêmement efficace dans son travail. Il m'aide à coordonner mes nombreuses activités et à structurer mon emploi du temps. Jusque-là, nous n'avons jamais échangé face à face. Fabien, homme du Sud, était de passage à Paris. Ce soir, pour notre première entrevue, je suis au bord des larmes. J'en suis moi-même surprise. Je suis le calme et la tempérance incarnées, normalement.

– Fabien… De deux choses l'une : soit tu n'entres pas, et j'en serais désolée, car c'est la première fois qu'on se voit, soit je ne sais pas comment on va faire, mais je viens de me rendre compte que j'ai perdu… allez… les trois quarts de ma mémoire ?

Incapable de contenir mon émotion, moi, la femme de cinquante ans, j'éclate en sanglots comme une enfant perdue. Je m'en excuse :

– Je suis désolée, je ne comprends plus ce qui se passe.

Fabien me couvre d'un regard bienveillant. Sa voix est d'une douceur prodigieuse :

– Viens. On va discuter.

Enveloppant, mon agent entre dans mon appartement et, sans transition, m'invite à nous asseoir par terre, sur le sol de mon salon, pendant que le reste de la famille change de pièce. Situation pour le moins incongrue. Ce qu'il déclare ensuite ne l'est pas moins :

– Christine, je crois que… tu n'es pas connectée. Ta tête et ton corps fonctionnent séparément. Forcément, ça finit par buguer.

Interloquée, je l'écoute, ou plutôt je l'entends, car ce qu'il dit m'interpelle, mais je ne suis pas sûre de tout saisir. Posément, il poursuit :

– Et puis tu es trop… comment dire… dans le travail. Toujours dans l'action. Constamment dans la recherche de performance. Est-ce que tu t'occupes de ton corps ? Est-ce que tu… le respectes un peu ?

Assise en tailleur sur mon plancher, je hausse une épaule, puis l'autre. Telle une gamine de douze ans qui a le chic de ne rien remarquer, je lui réponds :

– Je fais pas spécialement attention, non.

Pourquoi ferais-je attention à mon enveloppe extérieure ? Une enveloppe qui est à l'origine d'effroyables malentendus ? Ce corps qui projette une image de moi si éloignée de celle que je suis en vrai.

Est-ce que je m'occupe de ce corps ?

Franchement, non. Franchement, j'ai d'autres priorités.

Mon corps est mon outil de travail et je suis une grosse bosseuse. Comme ma mère. Je m'accepte comme cela. Point.

C'est vrai, je suis sous une énorme pression.

Pas fait spécialement attention.

L'avant-veille, j'ai fait un aller-retour express de 24 heures pour voir maman, hospitalisée en Guadeloupe à cause du Covid. Maman est sous oxygène, son état me préoccupe. Pourtant, à peine ai-je atterri à Paris après ce voyage que je me suis retrouvée sur le plateau, en direct. Je suis fatiguée, oui, sans doute.

Pas fait spécialement attention.

Certes, je me plains de sérieux maux de tête depuis plusieurs semaines, à ma mère justement.

Pas fait attention.

Mon embonpoint se confirme de jour en jour, ma courbe de poids atteindra bientôt les quatre-vingt-trois kilos, indice de masse corporelle trop élevé, risque cardio-vasculaire, je sais, je sais, mais…

Pas fait attention.

Et puis, pardon, mais j'adore les madeleines, les chips et les pizzas, donc…

Pas fait attention.

Eh oui, pourquoi ferais-je attention à mon corps, alors que la vie nous a séparés, lui et moi ?

Dans mon salon, Fabien entreprend une sorte de médiation entre nous, je veux dire entre mon corps et moi, qui sommes comme un vieux couple en instance de divorce. Fabien voudrait nous réconcilier alors que, même si nous vivons sous le même toit, mon corps et moi, nous avons rompu un matin de 1981, 7 h 20.

En attendant, Fabien me sourit avec une douceur désarmante :

– Ton corps, Christine, t'envoie une alerte. Il te crie : « J'existe ! » Tu ne peux pas fonctionner sans lui.

Mais qu'est-ce qu'il me raconte ? Perplexe, mon oreille reçoit son message cinq sur cinq, mais mon cerveau ne traite pas l'information qui m'est délivrée. Bref, j'entends mais je ne comprends pas réellement.

– Tu ne peux pas être alignée avec toi-même si ton corps et ton esprit ne sont pas en harmonie, dit Fabien.

Ces paroles résonnent si peu.

– Tu devrais essayer la méditation, reprend Fabien.

– La méditation ? je répète, amusée.

J'ai presque envie de rire.

– T'allonger, oui, avec ton corps. Conscientiser ton corps. Aimer ton corps. Le respecter.

Ah bon ? Mais est-ce qu'il me respecte, lui, ce corps qui m'a fait le sale coup d'effacer ma mémoire en plein direct ? Ce corps qu'on a maltraité ! Ce corps qui ment à propos de moi.

Ces pensées ne font que me traverser l'esprit. Je ne vais pas les exprimer, non. En vérité, je ne souhaite pas déclarer la guerre totale à ce corps – le mien –, ce tas de chair qui me sert d'outil de travail et que Fabien a l'air de mettre sur un piédestal. En tout cas, les propos de mon agent bien-aimé me paraissent une langue étrangère que je ne pratique pas. Je l'écoute poliment, parce que je suis bien élevée, mais ses arguments ne font pas tout à fait mouche.

– Moi, je suis jeune, poursuit-il avec un soupçon d'ironie.

– Merci.

– Non… c'est pour te dire que… j'ai beau être… jeune, je ne commence jamais une journée sans sport et sans méditation.

– Impressionnant.

Mon collègue et ami Marc Menant, c'est pareil. Pas une journée qu'il entame sans une heure de gym suivie d'un bain glacé. Il a quelques bonnes années de plus que moi et respire la santé mais, non merci, très peu pour moi. Fabien sourit de mon léger scepticisme, pour ne pas dire de mon ironie un peu déplacée.

– Tu vis dans un stress permanent, Christine. Toujours tendue à l'extrême. Au bout d'un moment, une corde qu'on ne relâche jamais finit par péter. Voilà pourquoi ta tête a en quelque sorte... explosé.

Je n'y avais pas pensé jusque-là, mais Fabien a trouvé le bon mot. « Explosé » est le terme approprié. Une déflagration a eu lieu dans ma tête. Cependant, quelques heures plus tard, les dégâts s'amenuisent. Mon corps me fait une fleur : à 23 h 32, ce soir-là, il me restitue ma mémoire.

Intégralement.

Mon cerveau s'est rallumé subitement. Sans que je comprenne pourquoi.

Les jours suivants, je n'échapperai pas à une batterie d'examens.

Mon médecin traitant soupçonnant un accident vasculaire cérébral, il faudra valider, ou pas, son hypothèse alarmante. Scanners, IRM, électroencéphalogramme, prises de sang… Aucune analyse ne confirmera la survenue d'un AVC.

Alors, comment expliquer ces maux de tête récurrents ? ces troubles mémoriels ? Choc émotionnel ? Fatigue et stress accumulés ? *Burn out* ? Excès de madeleines ?

Peut-être.

Au fond, peu importe. Ce soir-là, le 26 mai 2021, mon corps a parlé. Pour la première fois, il s'est exprimé, devant témoins, devant des centaines de milliers de téléspectateurs. Et moi qui milite pour la liberté d'expression, je l'ai censuré en public. Visiblement, je ne peux plus ignorer sa détresse.

Physique et mentale, ma détresse vient de loin, ses racines plongent bien plus profondément dans mon passé que je ne pourrais l'imaginer.

Ses tourments ne se cantonnent pas aux alertes récentes, dont j'ai commencé à vous parler. Peut-être trouvent-ils leur origine dans un épisode précis survenu quarante ans avant ce trou de mémoire en direct.

1981, 7 h 20.

Cette année-là, à cette heure-là, ces interrogations se sont gravées malgré moi dans ma mémoire, qui est aussi la mémoire de mon corps.

Voici venue la gamine de douze ans. C'est une collégienne coiffée avec deux nattes, particulièrement innocente et naïve, qui découvre son nom en lettres majuscules sur le balcon de son établissement.

« KELLY SALOPE »

Première insulte, premier harcèlement, cette exposition brutale de ma personne me désigne au regard des autres. Elle fait figure d'événement fondateur dans mon histoire, dans mes engagements… et dans mon expression corporelle.

La bascule est imperceptible à l'époque, pourtant ses répercussions n'ont cessé de me suivre, corps et cœur.

LE BALCON DU COLLÈGE

Je ne suis pas du matin, mais l'école, c'est le plus important.

Je suis en classe de 4e au collège du Lamentin. J'ai un an d'avance mais on ne dirait pas : je suis trop grande pour mon âge. Grand-mère Rose me surnomme Marie-Grands-Pieds. Chausser du quarante et un à douze ans, ce n'est pas si courant. J'ai encore mouillé mon lit cette nuit. Papa et maman ne sont pas ravis de cette situation. Moi non plus. On fait avec. Ça passera.

Les cours commencent dans un peu plus de une heure. En attendant, j'ai beaucoup à faire, comme me lever. Mes frères et moi nous levons à 6 heures. Philippe a un an de plus que moi. Lucien six de moins. Je m'entends très bien avec eux. J'aimerais bien avoir une sœur, pour rétablir l'équilibre. Bon. Rien à l'horizon. En attendant, mes frères me vont. Ils sont à la fois mes frères et mes amis, les meilleurs amis dont on puisse rêver, avec mon cahier de poèmes.

Cet ami-là, je l'ai depuis mes neuf ans. Je n'écris pas que de la poésie pure et dure. J'aborde un tas de sujets. Les élèves de ma classe, par exemple, un poème pour chacun. Papa, maman, les profs que je déteste, ceux que j'aime bien, la nature qui m'apaise, tout m'inspire. Ce qui me fait plaisir. Ce qui me rend triste. Ce qui me met en colère. Pourquoi untel fait la gueule, pourquoi les tempêtes et les cyclones dévastent tout… À mon cahier, je raconte aussi ma vie et ce que j'en pense. Ce que je pense de la vie. Ce que je pense du réveil qui va sonner dans une dizaine de minutes. Pas du bien. En tout cas, je mets mon point d'honneur à n'écrire qu'en rimes. Dans mon cahier de poésie, s'entend. On ne peut quand même pas versifier à tout bout de champ.

Papa s'active dans la cuisine. Il fait du bruit, car il prépare le petit déjeuner, le repas de midi et nos goûters. Donc, concert de casseroles. Papa s'appelle Robert, ou Christian pour les proches, il est le premier garçon de sa fratrie : six filles et trois garçons. Papa dirige l'école primaire Castel où Lucien va en classe. Ça peut paraître bizarre d'avoir son papa dans le bureau du directeur, mais pas du tout. On a l'habitude. L'habitude aussi du bruit dans la cuisine. Papa doit en être à la préparation du goûter : pain, beurre, saucisson. Je suis folle de charcuterie.

Et voilà, le réveil sonne. Il ne nous oublie jamais celui-là. Je pousse un grand soupir, je me donne encore une minute de répit. Une fois ce temps écoulé, je saute du lit et je cours *illico* à la grande fenêtre de ma chambre. C'est une baie vitrée. Pour rien au monde je ne manquerais le lever du soleil. Un soleil qui se lève, c'est beau à pleurer, vous ne trouvez pas ? Franchement, c'est si beau qu'il n'y a pas de mots, sauf en poésie. Soit dit en passant, j'ai dédié un tas de poèmes au soleil.

En temps normal, il pète la forme dès 6 heures du matin. C'est vrai, dès le moment où il se lève, le soleil explose littéralement dans le ciel du Lamentin. Pas ce matin. Je ne sais pas ce qu'il a, s'il a mal dormi ou quoi, mais, ce matin, le soleil est retranché derrière les nuages. C'est la déception pour moi, d'autant que les nuages ne sont pas roses comme d'habitude, ils sont gris comme rarement. Un poète vous dirait que c'est un mauvais présage, mais je ne le dis pas, parce que je suis bien trop jeune pour être poète professionnel et que je ne crois pas aux prédictions.

Malgré l'humeur maussade du soleil, cette journée démarre comme toutes les autres. Maman nous réunit pour prier ensemble avant de quitter la maison. C'est un rituel.

– C'est l'heure !

Maman nous appelle pour manger. Son prénom, c'est Ginette. Maman est enseignante elle aussi, à l'école primaire de La Rosière au Lamentin. Elle a plusieurs fois refusé d'être directrice d'école. Je ne sais pas pourquoi. Pour s'occuper de nous ? Pour s'occuper de la nouvelle maison ? On vient d'y emménager. Le chantier a pris beaucoup de temps. D'aussi loin que je me souvienne, la maison a toujours été en construction, jusqu'à ce qu'elle soit parfaite.

– À table !

Il va falloir ne pas traîner. J'attends quand même un peu devant ma baie vitrée, des fois que les nuages changent de teinte et que le soleil éclose comme un bouton de rose. J'aime le voir scintiller à travers les palmes du cocotier. Mais non. Le soleil n'est pas très vif, ce matin, pas très content, on dirait. Le ciel aussi est de plus en plus nuageux. J'en parlerai à mon cahier. Je quitte ma fenêtre à regret. Au moins, il ne pleut pas.

***

Le petit déjeuner est servi sur la table de la cuisine, qui est très grande et très belle. Du carrelage incrusté au-dessus rehausse ses bords en bois. Mes frères et moi nous asseyons à nos places habituelles, sur notre banc. Moi au milieu, Philippe en face et Lucien à côté de lui.

Philippe et moi engloutissons une baguette chacun, avec du beurre salé. C'est du beurre Sovaco. Le beurre Sovaco, c'est toute une histoire. Il est gastronomique, demi-sel, fabriqué à la Réunion. Sovaco, c'est le beurre des Antilles. Papa nous a aussi servi du chocolat chaud et posé un tas de fruits sur la table. Les arbres fruitiers ne manquent pas dans notre nouveau jardin. Clémentines, bananes, mangues, cocos, cacaos et fruits de la passion. Il suffit de se baisser pour les cueillir sur le terrain qui nous entoure. Immense, parce qu'il est familial. C'est-à-dire qu'il est dans notre famille depuis plusieurs générations. Il y a nous, grand-mère Rose, qui habite au bout du terrain, et tatie Claudie, qui n'est pas très loin. Pour les fruits à pain, on utilise une longue perche. Grand-mère Rose dit toujours qu'on a tout ce qu'il faut sous la main pour manger. Elle avait planté un avocatier, un carambolier, des bananiers... Sans compter les hibiscus de toutes les couleurs. Grand-mère passait beaucoup de temps dans son jardin.

L'heure avance doucement, le soleil boude encore et maman porte sa tasse à sa bouche en souriant. J'aime bien ses mains. Ses ongles sont mi-longs, toujours très bien soignés, mais jamais vernis. Maman avait pour devise la simplicité, le naturel, l'authenticité, rien de superflu ou superficiel. J'aimerais bien avoir les mêmes mains que maman un jour. Avec ses ongles, bien sûr.

Déjà 7 h 5, le ciel est toujours plombé. Papa nous attend dans la voiture, il klaxonne. Comme tous les matins. Non pas que nous soyons en retard, non, simplement, papa est réglé comme une horloge qui avance de quelques minutes. Il déteste être en retard. Au pas de course, Philippe, Lucien et moi quittons la maison et nous engouffrons à la queue leu leu dans la voiture. Papa doit nous déposer au collège, Philippe et moi, pour 7 h 20. Ensuite, il poursuit son périple avec Lucien jusqu'à leur école, Castel, où papa compte arriver à 7 h 30 dernier carat, lui qui commence à travailler à 8 heures pourtant. Pas une seconde de plus. S'il pouvait arriver cinq minutes encore plus tôt, ce serait idéal pour lui.

La voiture démarre, elle traverse le terrain familial, sa végétation luxuriante, ses arbres innombrables, pleins des fruits que j'adore. L'inconvénient, c'est que je ne peux pas y grimper. On ne peut pas monter dans un mandarinier, c'est trop fragile. Pareil pour les avocatiers, les cacaoyers, les bananiers, sans parler des pamplemoussiers. Avant, quand on habitait le logement des maîtres de La Rosière, c'était différent. Il y avait un cyprès de Provence dans le jardin, devant l'entrée de notre appartement. J'y passais le plus clair de mon temps. Je faisais aussi du vélo avec mes frères. Mon vélo déraille tout le temps. La chaîne ne tient pas bien en place. Je me casse souvent la figure. Même pas mal. Maman dit que je suis un garçon manqué. Pourtant, je viens d'avoir mes règles, et désormais, j'ai des seins.

Depuis que j'ai mes règles, maman m'a alertée : dorénavant, il est possible de tomber enceinte. Ça arrive, ces choses-là. Un discours qui sonne tellement loin de la réalité. À mon âge, je ne m'imagine pas adulte, je ne me projette pas, et, au quotidien, mes parents nous avaient élevés dans une forteresse nous protégeant de l'extérieur, nous permettant de grandir en toute candeur. Seules comptaient la famille, l'église – et bien travailler à l'école pour faire plaisir aux parents. Les règles, je m'en fous, mais les seins me dérangent. C'est un vrai handicap, les seins. Quand les miens ont pointé le bout du nez, je me suis dit :

Merde, j'ai des seins.

Je n'ai pas parlé de mes seins à mon cahier de poésie. Sans quoi je me rappellerais toute ma vie que j'en ai.

Merde, comment je cache ça ?

Les seins se cachent dans les soutiens-gorge. Seulement, je dois dire que j'ai aussi une sainte horreur des soutiens-gorge. En porter me fait honte, d'autant que les soutiens-gorge, en plus d'être inconfortables, sont difficiles à cacher. On les devine à travers les vêtements. Pourtant, toutes les femmes rangent leurs seins dans des soutiens-gorge. D'accord, mais ça se voit. Moi, en tout cas, je suis très gênée.

***

On arrive au collège pile à 7 h 19, une minute avant l'heure.

Papa se gare à l'endroit habituel. Philippe et moi sortons de la voiture.

Le soleil se cache toujours derrière les nuages. Décidément, il est de mauvais poil ce matin. Tout à l'heure, j'ai sciences naturelles, anglais et français. Je ne suis pas la meilleure élève du monde, mais j'aime bien ces matières-là.

Je passe la grille en compagnie de Philippe. Ensuite, chacun part de son côté. Je pourrais prendre le préau qui descend pour rejoindre ma classe, mais je choisis de traverser la cour, comme souvent, la très grande cour où la plupart des élèves sont rassemblés avant la sonnerie. Tout le monde est là : les 6e, les 5e, les 4e, les 3e, et même des élèves de BEP, les classes de formation professionnelle, avec des élèves plus âgés. C'est un très grand établissement.

Je fais dix pas dans la cour. Peut-être quinze. Quelque chose est écrit en très grosses lettres sur le balcon du bâtiment principal.

« KELLY SALOPE »

Hein ?

Je perds l'équilibre. Le sol se dérobe sous mes pieds. J'ai des palpitations. Les mains moites. Les jambes qui tremblent. Je n'arrive plus à marcher. Je ne sais plus si je marche ou si je suis à l'arrêt.

Est-ce que c'est moi, ça ?

Oui, je crois bien que c'est mon nom…

Je vacille encore plus fort.

Mais qu'est-ce que ça veut dire ?

Je ne m'appelle pas Kelly Salope ! Moi, c'est Christine !

Comment ça, Salope ?

Je ne sais plus où je suis.

C'est comme si une voiture vous était rentrée dedans. Elle vous chope en pleine face.

Tous les regards se tournent vers vous.

Tous les doigts vous montrent.

Toutes les bouches chuchotent et rigolent.

Les regards deviennent des couteaux. Les couteaux vous pèlent à vif. Je ne peux que me noyer dans ma honte.

Voilà, depuis maintenant, 7 h 20, un matin de 1981, je suis à part. Survivre ou disparaître.

Le plus drôle, enfin, le plus bizarre, c'est qu'après, tout devient noir. J'ai oublié ce qui s'est passé après 7 h 20.

Le temps, j'imagine, a tout de suite repris son cours, mais sans que je m'en rende compte. Le reste de la journée s'est passé sans moi.

Décalée de moi-même, je ne sais plus ce que je fais après 7 h 20.

La sonnerie a probablement retenti à 7 h 30.

J'ai dû machinalement suivre les élèves pour aller en classe.

Je ne me rappelle pas avoir pleuré. En général, quoi qu'il arrive, je continue. Je suis plutôt une fille d'action.

Mais vous dire quels ont été mes actes ce jour-là ?

Oui, j'ai sûrement suivi les cours. En principe, je suis assise au premier rang ou au dernier. Pas de demi-mesures. À midi, j'ai sans aucun doute pris le bus, comme tous les jours, pour rentrer à la maison à l'heure du déjeuner. Le trajet est assez long et notre arrêt se situe à cinq bonnes minutes de marche de chez nous. Je me demande bien à quoi j'ai pensé pendant ce trajet. Pendant que je marchais. Une fois arrivée, je ne crois pas avoir parlé de Kelly S… à maman. Papa non plus. Philippe ? Je ne pense pas. Lucien, il est trop petit. Je ne l'ai pas dit non plus à mon cahier de poésie. Pourquoi en aurais-je parlé ? Kelly S… n'est pas moi. Ce n'est pas mon nom. Je ne comprends pas cette confusion.

Papa ayant préparé le repas ce matin, je suppose qu'on l'a réchauffé. Je me suis assise en face de Philippe. J'ai sûrement jeté un coup d'œil au menu de la semaine, affiché à côté du calendrier des tâches ménagères que ma mère s'applique à organiser. Cependant, je serais bien incapable de vous dire si j'ai fait la vaisselle, balayé le salon ou sorti la poubelle. Seule certitude, Lucien n'a pas levé le petit doigt. Ce veinard que j'adore taquiner n'est pas en âge d'avoir des responsabilités. Avant qu'on retourne à l'école, on a dû s'amuser, comme souvent :

– Allez, viens, Christine, on va se battre, viens !

C'est un petit bagarreur, le petit chouchou de la famille. Ma famille, au moins, elle sait. Elle sait que je m'appelle Christine et pas Kelly S… Ma famille sait qui je suis. Je ne comprends pas ce décalage entre qui je suis et l'image, les mots qui avaient été projetés là, devant tout le monde. Quelle puissante dissonance. Comme si les gens ne me voyaient pas telle que j'étais.

Par exemple, il y a quelques semaines, une dame m'a dit :

– C'est votre mari qui joue du piano là-haut ?

Non, bien sûr. À douze ans, je ne risquais pas d'être mariée. Sa question m'a mise très mal à l'aise. Ce n'est pas parce que vous êtes trop grande pour votre âge que vous pouvez déjà être mariée. Quand la dame m'a fait cette réflexion, je venais tout juste d'entrer en 4e et nous avions fait notre rentrée à Othis, en Seine-et-Marne. C'était pendant les congés bonifiés de papa et maman, quelques mois avant notre retour au Lamentin en Guadeloupe.

Ces congés vous permettent de visiter votre famille en outre-mer quand vous vivez en métropole, mais aussi l'inverse. Pour cette raison, nous allons de temps en temps en métropole où nous avons beaucoup de famille. Je vous ai dit, dix enfants du côté de grand-mère Rose, et pareil du côté de mamie Paulette. Ça fait beaucoup de tantes et d'oncles, sans parler des cousins. Nous étions tous très proches.

En Seine-et-Marne, nous habitions avec tonton Serge et nous allions parfois chez tonton Arthur, qui réside à Paris, rue Blomet. Tonton Serge travaille dans la réparation des avions à l'aéroport de Roissy. Tonton Arthur est musicien, il est l'un des fondateurs de la Compagnie créole. C'est celui qui porte un chapeau, un perroquet et des lunettes noires, parce qu'il a des problèmes de vue. Un oncle qui m'a toujours inspirée par son courage. C'est lui que la dame a pris pour mon mari.

Moi, mariée ? Et avec mon oncle ?

Ce décalage, ça me dépasse.

Certes, mes camarades de classe, à Othis, étaient très en avance pour leur âge. Certaines d'entre elles avaient déjà des amoureux. Moi, pas du tout ! Je n'ai rien demandé, moi ! Si la voisine avait cru que j'étais mariée, elle pensait que j'étais assez grande pour ça. C'est la même idée qui a traversé l'esprit des gens qui m'ont traitée de S… Ils se sont imaginé que je pouvais avoir des amoureux, mais quelle idée !

Alors que j'ai douze ans ?

Ça me dégoûte.

***

Je suis assise à mon bureau ce soir et j'essaie toujours de reconstituer le temps qui m'a échappé aujourd'hui, à partir de 7 h 20. Après le déjeuner, normalement, je suis repartie pour l'école en bus. Là encore, je ne me souviens de rien. Le temps a continué sa vie de son côté, et moi, je me suis planquée quelque part. Mais pas dans mon corps. Pas maintenant. Je suis quand même rentrée à la maison après l'école – il n'y a pas d'autres possibilités – et là, pas de doute, je me suis immédiatement assise à mon bureau pour faire mes devoirs. J'aime beaucoup mon bureau. Il sent bon le neuf.

Papa et maman rêvaient de notre nouvelle maison depuis très longtemps, avant que je sois née : une maison bien à eux, sur le terrain familial, c'est ce qu'on appelle un accomplissement, je pense. L'enjeu étant de taille, notre maison a été très longue à construire. Pour le terrain, pas trop de problèmes, il était familial. Mais la maison… D'abord, il a fallu choisir son emplacement. Papa et maman ont sélectionné le site d'un ancien poulailler : autorisation de la famille. Grand-mère Rose et grand-père Euloge y avaient élevé quantité de poules, d'oies, de lapins, toute une ménagerie. Il n'était pas rare de croiser des cabris en bande sur le terrain. Des canards aussi, qui se dandinaient sur les chemins. Du temps du poulailler, on allait régulièrement chercher des œufs, Philippe et moi. On les mangeait, mais on les regardait aussi éclore, les poussins grandissaient sous nos yeux… Ils étaient si mignons. Jusqu'à ce qu'ils finissent dans nos assiettes, après décapitation. Combien de fois a-t-on supplié papa et grand-père de les épargner ! Au fait, grand-père Euloge est mort il y a quelque temps. Ce qui signifie que grand-mère Rose est veuve. Mais elle est encore pleine de vie. Elle partage son temps entre sa maison de ville à Pointe-à-Pitre et sa maison des champs, ici à la campagne. Je poursuivrai ma scolarité à Pointe-à-Pitre après le collège. C'est déjà décidé, car le lycée est proche du domicile de grand-mère.

Une fois la construction de la maison entamée, mes frères et moi avons régulièrement accompagné papa et maman pour choisir la peinture ou le carrelage. Ils se sont aussi beaucoup fait avoir. Combien de fois avons-nous vu nos parents changer d'architecte, d'entrepreneur, de carreleur ou de menuisier ? Les années de mon enfance ont été bercées par cet objectif familial. Malgré leurs nombreuses mésaventures, leur enthousiasme demeurait intact. Ils tenaient à le partager avec nous.

– Et ta chambre, Christine, tu veux quelle couleur ?

Rose, maman. Rose pâle, s'il te plaît. Merci. Au final, ma chambre est formidable. J'ai choisi le lit et la disposition des meubles. Quand on entre, mon lit est à gauche, mon bureau est à droite, à côté du placard où je range mes vêtements, mes livres, mes cahiers, mes chaussures. En face de l'entrée, la baie vitrée s'étire sur toute la largeur. Le soleil a beaucoup de place pour illuminer mon lieu de vie, et moi, j'ai suffisamment d'espace pour faire mes devoirs. Ma principale mission.

En tout cas, je me demande bien comment j'arrive à faire mes devoirs ce soir, étant donné que ma tête n'est plus là. Je cherche à comprendre. Pourquoi ont-ils écrit ça ? Qui a écrit ça ? Je ne trouve pas d'explication.

Avant mes douze ans, personne ne m'avait appelée Kelly S… Cela n'aurait même pas pu effleurer l'esprit de quiconque, que ce soit de près ou de loin, me connaissant. Personne ne regardait mes seins et mes grands pieds. On habitait encore au logement des maîtres, à un kilomètre environ de la nouvelle maison. C'était un temps béni.

Personne ne vous traite de S… quand vous faites juste du vélo ou que vous escaladez le balcon de votre appartement pour grimper dans le cyprès de Provence. Personne ne vous insulte quand vous jouez à la marelle ou à un, deux, trois, soleil. Quand vous sautez à l'élastique aussi, on vous fiche la paix. Quand vous jouez aux billes avec vos frères, on vous traite juste de garçon manqué. C'est vrai que je suis très forte aux billes (et au jeu de dames). En tout cas, quand on vivait au logement des maîtres, pas de problèmes, j'étais une petite fille que personne ne regardait de travers.

C'était tout un immeuble, une série d'appartements sur deux niveaux. Accolé à une école, il était réservé aux enseignants. Ce n'est pas rien d'être enseignant en Guadeloupe. Les enseignants sont des gens qu'on respecte.

À l'arrière de l'appartement, nous cultivions un potager. Maman nous apprenait à planter, arroser, récolter et cuisiner les légumes.

– Christine ! Va chercher les carottes du jardin ! Prends deux branches de thym ! Viens, on va faire une purée. Philippe ! Prends une salade.

– Une salade ? Mais elles sont où, les salades ?

– Tu sais bien ! On en a repiqué l'autre jour.

Le cyprès était planté devant l'appartement. Il avait ceci d'exceptionnel qu'il était de Provence, mais aussi qu'il était le seul arbre de tout le complexe. La chance.

J'y étais tout le temps perchée.

Tu me cherches ? J'y suis.

Tout le temps cachée là-dedans.

Qu'est-ce que j'y fabrique ?

Rien du tout. J'y grimpe, c'est tout.

D'où mon appellation de garçon manqué.

Je suis aussi casse-cou. À cette époque, j'adore m'allonger sur le rebord de la balustrade au premier étage. Je suis toujours là où l'on ne m'attend pas. Maman hurle de peur.

– Christiiiine ! Pourquoi tu es toujours à prendre des risques ! Toujours à grimper quelque part !

Mon vélo était rouge. Pas besoin de nous donner un coup de pied aux fesses pour qu'on sorte prendre l'air. J'étais tout le temps dehors. Tout. Le. Temps.

Pédaler, courir, grimper. Se casser la figure. Même pas mal. Recommencer. Maman pousse des cris quand elle découvre les égratignures.

Dès la sortie de l'école, on faisait des courses à vélo avec les enfants de nos voisins, nos copains. Alice, Michel, Marie-Ange, Patrick… On ne faisait pratiquement que ça, du vélo. Il n'était pas question de Kelly S… Des fois, nos parents nous autorisaient à rouler jusqu'à l'épicerie, à deux cents mètres.

Évidemment, il fallait rentrer à l'heure pour faire les devoirs. J'étais toujours la première de tous les enfants des enseignants du quartier que maman appelait. Elle laissait les garçons jouer encore un peu. Comme aujourd'hui, maman attendait simplement de nous qu'on travaille bien, qu'on rapporte de bonnes notes, qu'on ne fréquente pas n'importe qui, qu'on n'ait pas trop d'amis.

Enfin, surtout moi.

Et je faisais tout bien comme elle disait.

Il n'y avait vraiment pas de raison qu'un jour on me traite de vous savez quoi.

– C'est parce que les garçons te regardent…

Personne n'est venu me parler de cette histoire jusqu'à cette fille de ma classe, qui chuchote à mon oreille deux jours après : ces mots sur le balcon, c'est parce que les garçons d'en face, les grands du lycée professionnel, me regarderaient un peu trop. Ils ont dix-sept ans, ces garçons. Ils sont très mûrs. Je ne vois pas pourquoi ils me regarderaient. Je tombe des nues.

– J'ai jamais remarqué, je réponds.

La fille semble perplexe. Non, elle n'a pas l'air de comprendre que je n'aie rien remarqué. Pourtant, juré craché, je n'ai pas fait attention. Elle dit ne pas savoir non plus qui a écrit ces mots sur le balcon. En tout cas, tout le monde s'en fout, l'essentiel, c'est que le balcon soit de nouveau tout propre. Pas la moindre idée de qui a effacé, rapidement après le premier cours du matin, mais merci, même si personne n'est venu à mon secours, ni le proviseur, ni les professeurs, ni les élèves. La vie continue comme si de rien n'était, à l'exception de cette information à l'origine de tous mes maux : les garçons me regardent. Je me justifie auprès de mon informatrice :

– Je n'ai pas fait exprès.

C'est vrai, je suis désolée de ce que j'ai fait, même si je ne sais pas de quoi il s'agit. À bien y réfléchir, je n'ai pas l'impression d'avoir fait quelque chose. Je ne sais pas quelle est ma faute, mais je me sens coupable : si on me regarde, c'est quand même que je l'ai cherché. Et ce n'est pas sans conséquences :

– Il y a des filles qui sont jalouses, continue ma camarade de classe.

Là, je suis atterrée. Loin de moi l'idée de rendre qui que ce soit jaloux. Jaloux de quoi ? Non mais vous m'avez prise pour qui ? Mes deux nattes, mes jupes longues, pas de maquillage, pas de bijoux, pas de fantaisie, stricte protestante de la tête aux pieds.

Fin de la récré, que j'ai passée toute seule dans mon coin, jusqu'à ce que la camarade m'aborde pour me donner les tenants et les aboutissants de pourquoi Kelly S…

Je tiens à dire que, pour S…, je ne suis pas renseignée, hein. Je sais que c'est une insulte. Je sais que ce n'est pas sympa. Mais vraiment, je ne comprends toujours pas pourquoi quelqu'un m'a rebaptisée comme ça, en grandes lettres, sur le balcon principal du collège.

Ça y est, je me sens de nouveau mal.

Ça y est, je suis en boucle. Quand vous vous coincez dans une boucle et qu'elle tourne à grande vitesse, pour en sortir, prendre au moins une bonne résolution : pour ma part, je veillerai désormais à ce qu'on ne me regarde pas.

On ne va pas se mentir, ces grosses lettres immondes, ça déclenche un drôle de truc dans ma tête. Totale incompréhension. Quand j'y pense, les raisons que vient de me donner ma copine m'abasourdissent. Les garçons du lycée professionnel ? Ils me scrutent depuis le bâtiment d'en face ? Mais je ne sais même pas où se trouve ce bâtiment.

Lunaire.

Et les filles seraient jalouses ?

De quoi ?

Pardon, mais, vous êtes toute seule dans un coin de la cour de récréation, personne ne vous parle, vous ne faites pas attention ou plutôt vous ne faites attention qu'à votre sandwich au saucisson que papa vous a préparé parce qu'on n'a pas d'argent pour acheter des gâteaux, nous… Pas question d'avoir de l'argent de poche. Et il s'avère qu'on vous regarde ?

Cette histoire est à l'opposé de moi. Rien à voir avec qui je suis et ceux qui l'ont écrit le savent. Pourquoi suis-je jugée ? Et puis, jugée sur quel sujet ? Pour quelles raisons ? Désolée, mais je ne me reconnais pas dans cette image. Ce sont les autres qui se la fabriquent. Leur image me reflète aussi mal qu'un miroir déformant.

Pour dire la vérité, cette histoire m'a cassée et c'était bien son objectif. Je suis gênée. Gênée d'être là. Gênée d'exister. Gênée de gêner les autres. J'ai honte. J'éprouve une succession de sentiments tous plus gênants et embarrassants les uns que les autres.

Qu'est-ce que je dois faire ?

J'ai envie de disparaître.

Facile à dire « disparaître ». Mais difficile à mettre en pratique. Ça ne se fait pas d'un coup de baguette magique. Vous ne pouvez pas vous effacer juste avec une gomme. Non, ce n'est pas que j'aie envie de me gommer complètement. Mais si on me proposait de devenir invisible, je ne dirais pas non. Ne plus exister.

***

À défaut du pouvoir d'invisibilité ou de m'effacer avec une gomme, les jours suivants, je commence à raser les murs. Mais je les rase de près, hein. Pour qu'on ne me voie pas et qu'on ne me regarde plus, je me fais toute petite. Je me rétrécis. Je m'enlaidis. C'est fou de devoir s'enlaidir.

Outre le fait que je ne me maquille pas, il n'y a jamais rien qui dépasse, je ne porte pas de talons, pas de minijupe, pas de pantalon, encore moins de pantalons moulants, pas de short, pas de vernis à ongles, vraiment aucune fantaisie possible. Tout cela était interdit. Maman ne m'a pas élevée comme ça. Mes cheveux sont très disciplinés : chaque matin, je les natte. Deux tresses bien droites. Quant à mes robes, droites aussi, elles descendent plus bas que mes genoux. Maman les coud en veillant à ce que leurs dimensions soient correctes.

Quand je serai plus grande, elle m'apprendra à coudre et à broder. Je me réjouis de fabriquer ma première robe, c'est vrai, mais en attendant, c'est maman qui décide.

Puisqu'elle travaille beaucoup, maman n'a pas toujours le temps de confectionner tous mes vêtements. Parfois, elle en achète à Pointe-à-Pitre. Attention, il ne s'agit pas de perdre son temps ou d'ergoter sur la marchandise. On prend juste les habits les plus pratiques, les plus décents. Des habits pour être habillé, pas des habits de S... Maman, elle, est toujours élégante, toujours bien mise, toujours simple. Je ne l'ai jamais vue mettre de bijoux ou se maquiller. Ses jupes tombent à mi-mollets, ses cheveux s'entortillent dans un chignon. Maman met son point d'honneur à ne pas se mettre en avant et à soigner son aspect intérieur.

Autant vous dire que c'est le credo de la famille : « Cultive ton intérieur, pas ton apparence. »

Je suis une enfant qui va à l'église et qui rentre chez ses parents après l'école. Sans aucun détour. Jamais.

Après les devoirs, je regarde le soleil par la baie vitrée de ma chambre. Le crépuscule, les palmes des cocotiers qui frémissent sous le vent… Des fois, je tire la baie vitrée et je prends une grande bouffée d'air. Alors, je me sens détendue, comme papa et maman depuis qu'on a emménagé à la fin des travaux.

Une fois que la maison a été enfin terminée, c'était comme si on avait passé un cap tempétueux et que le beau temps soit revenu sur notre famille. On était tous si heureux. Mais gare à ne pas écrire sur les murs, Lucien ! Il faut surveiller le petit frère, pour qui la tentation est grande de souiller les murs blancs. Faites attention, les enfants ! Évidemment, la maison a coûté toutes les économies de mes parents après tant d'années. Elle est plus précieuse qu'un bijou. C'est notre toit.

C'est du poids sur les épaules, je pense, de mettre un toit sur sa famille. La mettre à l'abri. Ce poids n'est pas rien, j'imagine. Papa et maman ont dû être soulagés quand la maison a été finie. Nous aussi. Lucien, le petit bagarreur, nous fait bien rigoler. Il faut l'entendre jouer des percussions à plein volume dans sa chambre. Quand il se met à jouer… un truc de dingue ! Philippe, lui, prend des cours de guitare, de saxophone et d'accordéon.

Moi, c'est le piano.

Papa et maman m'ont offert mon tout premier piano de marque Rameau à Noël.

Je prends des cours depuis mes sept ans et je suis très assidue. Faute de mieux, jusqu'ici, je pratiquais sur un minuscule piano électrique. Rien à voir avec un vrai piano à cordes. Depuis des années, mes parents avaient promis de m'en offrir un. Ils ne pouvaient rien dépenser pendant les années de travaux. Nous gâter n'est pas franchement leur habitude, mais nous faire plaisir de temps à autre ne leur déplaît pas. Seulement, pendant le chantier, tout l'argent passait dans la maison. Autant vous dire qu'on usait nos souliers jusqu'à la semelle avant d'envisager d'en racheter. Alors, ils m'avaient promis le piano. Il était enfin arrivé. C'était peut-être l'un des plus beaux jours de ma vie après tant d'attente.

***

Engagement pris, promesse tenue, papa et maman sont super fiables, aussi fiables que stricts. Ah, ça, on peut compter sur eux autant pour les réprimandes que pour les cadeaux. Mais ce n'est pas parce qu'ils sont fiables que je leur dis tout.

Quelques semaines après, je ne leur ai toujours pas dit ce qui s'était passé à l'école.

Je n'ai pas non plus couché ces mots horribles sur mon cahier.

Toujours pas. Jamais !

J'ai pourtant confiance en mon cahier, pleinement et entièrement. Mon cahier est comme quelqu'un à qui je peux parler, expliquer, tout raconter. Je discute très souvent avec lui par écrit. Il y a des choses qu'on ne partage qu'avec son carnet. Mais, étrangement, je n'ai pas partagé ça.

Pourquoi ?

C'est une vraie question. Cependant, je sais une chose : si je veux tout oublier, il ne faut rien écrire. Oui, avec un peu de chance, je finirai même par douter que ça a jamais existé. C'est pourtant un fait historique, je veux dire dans l'histoire de ma vie. Mais ce n'est pas une histoire intéressante. Bref, si je confiais cet événement à mon cahier, il serait là pour toujours. Moi, je n'aspire qu'à l'effacer. Effacer ce qui est arrivé, le retirer de ma mémoire. Le retirer de ma vie. Ne pas exister.

Est-ce que les histoires qu'on oublie restent quand même inscrites quelque part en nous ?

Je ne me vois pas l'écrire, non. Ni aller voir maman pour lui dire :

– Tu sais quoi ? À l'école, ils ont écrit Kelly S...

J'ai trop honte. Maman ne s'en remettrait pas. Ça lui ferait mal comme à moi. L'idée que maman souffre m'est insupportable. Je ne suis pas là pour contaminer les gens avec ma douleur. Je me débrouille avec.

En jouant du piano.

En faisant de la balançoire.

En cueillant des fruits. Parfois, mes frères et moi faisons du chocolat avec des fèves de cacao.

Et puis, on aime jouer de la musique, comme tonton Arthur de la Compagnie créole. Lui, vraiment, je l'admire beaucoup. C'est quelqu'un qui a eu des problèmes de vue à la naissance et qui s'est bagarré aussi. Lui, c'est un bagarreur, un battant qui dépasse toutes les critiques et toutes les moqueries qu'il a subies toute sa vie. Alors, je ne vais pas me plaindre de ma petite personne pour quoi que ce soit.

Donc école, piano, balançoire et cueillette des fruits. De toute façon, c'est ça ou les devoirs, ou l'église, ou ce que maman a écrit sur le planning.

Sans quitter la route des yeux (oui, on est dans la voiture), maman me dit gravement :

– Je crois que je ne vais plus pouvoir t'emmener en courses avec moi.

Elle fait une pause avant de reprendre :

– Beaucoup se retournent sur toi, te scrutent, et c'est très gênant.

C'est un problème, je suis d'accord. Je ne supporte pas non plus ces regards sur mon apparence. Les parents vivent souvent mal ces moments où leur fillette devient adolescente, tout en restant une enfant, mais dans un corps de jeune femme. Les parents ne savent pas comment gérer ces moments où tout le monde vous scrute.

Pas plus tard que tout à l'heure, un monsieur m'a sifflée dans la rue :

– Psitt…

Ce bonhomme siffleur m'était totalement inconnu. Gênant. Tellement embarrassant. J'ai continué à suivre maman, qui a jeté un regard plein de flammes à ce monsieur.

Nous sortions de chez le dentiste. Ensuite, maman et moi étions allées faire les courses à Pointe-à-Pitre. Chargées de nos sacs, nous nous dirigions vers la voiture pour rentrer quand, de nouveau :

– Psitt…

Encore pour moi. Cette fois, le « Psitt » ressemblait à un crachat. Le type arrivait en face, il me scrutait de bas en haut, de haut en bas, et il me dévisageait aussi. Ni maman ni moi ne lui avons rendu son sourire. Maman a pressé le pas. J'ai accéléré.

Enfin arrivées à la voiture, ouf, nous avons rangé nos emplettes dans le coffre, plein à craquer des provisions pour la semaine. On va se régaler. Maman a pris le volant, je me suis assise sur le siège passager, j'ai bouclé ma ceinture, et j'ai soupiré de soulagement à l'idée de rentrer à la maison. Maman a démarré au quart de tour. Au premier feu rouge, elle a tiré les conclusions de notre mésaventure.

Regards ou sifflements, c'est un problème, je suis d'accord.

Le feu passe au vert. On redémarre. C'est vrai que les feux rouges sont très longs, des fois.

– Ça va ? me demande maman.

– Oui, oui.

Maman essaie toujours de me protéger, parce que ça ne rigole pas. Que ce soit à l'école ou dans la rue, que ce soient les garçons du lycée professionnel ou les messieurs siffleurs, on t'appelle, on te siffle pour te regarder. Ces gens ne prennent pas de gants. Que ta mère soit là ou pas, ils te déshabillent de la tête aux pieds. Après, on t'accuse d'attirer les regards qu'il ne faut pas. Finalement, on écrit S… sur le balcon de l'école.

Au collège, en dehors de Véronique, qui discute avec moi de temps en temps, je n'ai pas de copines. Personne à qui parler vraiment. Comme une pestiférée. Si différente. Trop différente ? Chaque jour, quand je vais au collège, j'ai peur. J'observe les autres, ceux qui traînent en bande, et je sais qu'ils se moquent de moi. J'ai beau rester à l'écart, dans mon coin, rien à faire. Ils me regardent, ils se méfient de moi.

Dans la rue, ils me font « Psitt » même devant ma mère.

Plus je me cache, plus les regards sont curieux. De quoi sont-ils curieux, au juste ? Pourquoi moi ? J'aimerais bien savoir.

Maman a l'air de lire dans mes pensées, ce qui est quand même extraordinaire vu qu'elle regarde la route et pas moi. La voix douce, elle murmure :

– Ces gens ne s'intéressent qu'à l'apparence. L'apparence ne veut rien dire du tout. Ça ne compte pas.

– Oui, maman. Seul le cœur a de l'importance.

Maman me le rappelle souvent : avant toute chose, être belle dedans : « L'apparence est trompeuse et la beauté est vaine. »

Nous traversons Pointe-à-Pitre, aussi belle dedans que dehors. Quand je serai au lycée, je viendrai y habiter. L'air entre par la fenêtre ouverte, je le respire à pleins poumons. Il sent l'iode et les algues marines, un peu le poisson. La nature au-dehors m'ensorcelle avec ses odeurs, ses rivières indomptées. Les plages sont jolies, leur sable noir ou blanc scintille au soleil. Des avions passent dans le ciel. D'où viennent-ils ? De Paris ? Leur ventre blanc ressort dans le ciel éclatant. Blancs aussi les bateaux sur la mer des Caraïbes.

J'aime bien voyager.

En bateau, en avion ou dans ma tête, tous les modes de transport me vont. Dans la voiture de maman aussi, j'aime rouler. Sa présence à côté de moi me sécurise. Maman doit mettre beaucoup de barrières autour de moi pour me protéger parce que j'ai seulement douze ans. Beaucoup de choses vous sont interdites à douze ans : les sorties, en dehors de la famille, de quelques voisins, des congés bonifiés et du camping pendant les vacances. Pas de goûters d'anniversaire avec des amis. D'ailleurs, je ne suis jamais invitée. Tout le monde sait que mes parents ne m'autorisent pas les sorties chez les amis. Aucun voyage scolaire. C'est le prix d'une bonne éducation, en théorie. De bonnes bases pour être solide sur ses jambes une fois qu'on sera adulte, avec un bon métier, et après, on construit une famille. Bon. Heureusement, j'ai le temps de voir venir.

Maman s'agrippe au volant. Très concentrée, elle conduit prudemment pour nous ramener à la maison en une seule pièce. Maman est très belle. Je ne sais pas si elle s'en rend compte. Là, maintenant, c'est particulièrement frappant. Papa aussi est très beau. Je ne crois pas qu'on traite les garçons de S… Mes tantes et mes cousines ont-elles déjà été face à ce problème ?

Des deux côtés, mes tantes ont des yeux bruns, verts, bleus, des fois bridés. Leurs cheveux sont châtains, noirs ou bruns. Des fois crépus, des fois frisés, des fois bouclés, ils tombent jusqu'à leurs fesses ou leurs genoux. Leur peau est noire, caramel, blanche ou un mélange de toutes ces couleurs. C'est parce que ma famille se compose d'un bout de Vietnam, un peu d'Inde, un morceau de Congo et un autre de Bretagne. Il y a aussi des Arawaks, je crois, qui vivaient dans de petits villages. Mais c'était il y a très longtemps. Je n'étais pas née.

***

Après avoir déposé les courses à la maison, maman s'assoit sur un tabouret et note ses dépenses du jour dans son carnet. Je m'apprête à aller dans ma chambre, mais elle me rappelle :

– Christine ! Viens, je vais te montrer pourquoi je ne pourrai pas t'acheter un chemisier ce mois-ci.

Je suis un peu dépitée. Maman me montre son tableau : ce qui entre à droite, ce qui sort à gauche, et la différence entre les deux.

– Fais le compte.

– Ah, oui. Ça fait beaucoup de dépenses.

Nous ne sommes pas pauvres, mais nous ne sommes pas suffisamment riches pour ne pas faire attention. Je demande à maman si elle pense pouvoir m'acheter des vêtements le mois prochain, ceux qu'elle n'aura pas le temps de coudre.

– Peut-être, me répond-elle. On verra. Sois patiente, Christine…

Son budget bouclé, maman se lève pour repartir en ville. Elle me laisse une liste de tâches à exécuter, du balayage de ma chambre au nettoyage de la salle de bains.

– Quand je reviens, Christine, je veux que ça soit fait.

Je la regarde partir et je me fais la réflexion bizarre que je suis une fille insortable. Ce n'est pas grave. Ça ne durera qu'un temps. Il suffit de prendre son mal en patience. Je retournerai faire les courses avec maman quand j'aurai seize ou dix-sept ans, j'imagine. Au plus tard quand je serai en terminale. En attendant, j'ai une mission ménagère à remplir. Je vais d'abord me faire un bon petit en-cas. Après les courses, le frigo déborde de bonnes choses.

J'adore la nourriture. Souvent, je mange comme un ogre sans attendre l'heure des repas. Il n'est pas celle du goûter, mais je me prépare quand même un bol de chocolat avec des biscuits. Les BN au chocolat sont trop bons. Pour commencer, je les ouvre en deux, ensuite, je lèche le chocolat à l'intérieur et, pour finir, j'attaque le biscuit. Un ré-gal. Je mange tout le paquet. À la fin, mon ventre est gonflé comme une outre. La sensation est plutôt agréable.

Ventre en avant, je rejoins ma chambre pour faire le ménage, ce qui me permet de digérer un peu mes biscuits, je dirais sept ou huit, sur les vingt-quatre du paquet. Après avoir nettoyé la salle de bains, j'appelle mes frères.

– Philippe ! Lucien ! Venez un peu dans la chambre, on va rigoler !

Ils accourent, sautent sur mon lit et on éclate de rire. De vrais guignols, mes frères. Je me sens bien avec eux. Ma vie serait presque parfaite s'il n'y avait pas la sévérité de l'éducation, les « Psitt », et le S… du collège.

Je me demande parfois si cette histoire n'aurait pas aussi quelque chose à voir avec la situation de papa et maman. C'est un sacré statut, enseignant. Ils ont un salaire très légèrement supérieur à la moyenne en Guadeloupe. Et nous, on avait le logement des maîtres, réservé pour nous. Bref, mes parents sont considérés comme privilégiés et très respectés. C'est peut-être pour ça qu'il ne faut pas me respecter ? qu'il faut me mettre à l'écart pendant les récréations ? Décidément, la jalousie a plein de visages.

Je préfère ne pas y penser. Ça ne sert à rien.

***

De retour de sa sortie, maman inspecte mes travaux ménagers. Ouf, je m'en suis tirée. Pas de critiques aujourd'hui, maman est ravie. C'est le moment d'en profiter.

– Maman ?

– Mmh ?

– Quand est-ce qu'on aura une petite sœur ?

Le visage de maman s'assombrit. Pourtant, une petite sœur, ce serait plus que sympathique. Si maman faisait une petite sœur, je renoncerais sans problème aux vêtements neufs achetés en boutique. Je prie souvent pour qu'une petite sœur arrive à la maison.

Je suis bien obligée de prier parce que maman ne veut pas. Toujours pas :

– Vous êtes déjà trois, Christine ! Ça va !

– Grand-mère Rose a eu dix enfants.

Maman m'explique que c'était une autre époque. Je proteste :

– Mamie Paulette aussi a eu dix enfants.

Là encore, une autre époque. Maman ajoute :

– Et toi, tu auras dix enfants peut-être ?

Alors là, je n'en sais rien. J'aurai peut-être des enfants un jour. Combien ? Aucune idée. Impossible pour moi de me projeter. Je ne me suis jamais imaginée adulte et mère de famille lorsque j'étais enfant. Pour le moment, tout ce que je demande, c'est une petite sœur. Ce n'est quand même pas si compliqué ?

Je m'occuperais d'elle comme d'une poupée, je la coifferais et je lui jouerais du piano.

Parce que, quand même, c'est particulier ma place de fille entre deux garçons. Quand je suis née, maman avait Philippe qui ne marchait pas encore. Je me demande si je ne suis pas arrivée trop tôt. Un moment où c'était difficile. Lucien est né bien plus tard. Maman doit être fatiguée, je comprends. Mais si elle fait une petite sœur, je l'aiderai !

C'est toujours « non ».

La porte claque. Papa rentre de l'école.

Sans perdre de temps, il pose son cartable sur la table de la cuisine, s'assoit sur le banc, sort un tas de documents de sa sacoche et se met au travail. Au bout d'une heure de corrections et de préparatifs pour le lendemain, il enfile son tablier de cuisine et s'attelle au dîner.

Qu'est-ce qu'on mange ce soir ? Riz et haricots rouges ? Colombo de poulet ? Lentilles ? Papa cuisine aussi des dombrés. Ces boulettes de farine sont cuites avec des haricots rouges et des queues de porc. C'est mon plat préféré. J'adore aussi lorsque maman cuisine, mais c'est plus rare. Son court-bouillon de poisson… Papa adore cuisiner. Ça le détend. On ne peut pas lui retirer ça. Il ne parle pas beaucoup, papa, ses mots sont toujours bien utilisés, souvent pour nous faire rire.

Pendant le dîner, nous regardons attentivement le journal télévisé en famille. Les paroles des journalistes sont d'une grande importance, je le sens, mais je ne saisis pas tout ce qu'ils disent. La manière dont le haut de leur corps remplit l'écran me sidère. Ils n'ont pas l'air d'avoir peur qu'on les regarde, eux. Comment ne sont-ils pas gênés, alors que des millions de personnes les dévisagent ?

Si ça se trouve, ils sont timides. Remplir la télévision avec leur tête, tout en donnant des nouvelles du monde, c'est peut-être leur façon de se soigner. Moi, en tout cas, ça me rendrait malade. Je préférerais parler à mon Bic plutôt qu'à des gens par millions.

Après le repas et le journal télévisé, Philippe et moi débarrassons la table, puis vaisselle. Autant vous dire qu'elle brille. Im-pec-ca-ble. Là-dessus, nous regagnons nos chambres. Papa et maman sont encore à corriger leurs copies, organiser notre emploi du temps de la semaine et préparer la classe du lendemain quand nous nous endormons.

Pas très envie de retourner au collège demain.

J'espère que ça ira mieux au lycée.

LES MURMURES
ET MON MUR

– Écoute-moi bien, Christine, écoute-moi bien. Avant de rencontrer un garçon, avant de tomber amoureuse, avant de te marier, ne fais pas les erreurs que moi j'ai faites. Il faut que tu aies un travail, il faut que tu aies ta petite voiture, ton appartement, ta liberté.

Voici donc la recommandation n° 1 de grand-mère Rose, chez qui j'ai enfin emménagé, à Pointe-à-Pitre. Pourquoi ce changement ? Mon lycée (je viens d'entrer en classe de 2de) se trouve à une quinzaine de kilomètres du Lamentin. Vous me direz que ce n'est pas si loin. Détrompez-vous. À vol d'oiseau, je ne dis pas, mais en bus, c'est une autre affaire.

Nous y avons beaucoup réfléchi, avec les parents. C'était de deux choses l'une. Ou bien Philippe et moi faisions l'aller-retour tous les jours, l'enfer, quoi, ou bien nous nous installions provisoirement chez grand-mère Rose. Cette solution nous est apparue la plus simple : grand-mère vit juste en face du lycée. De sa porte à celle de ma classe, compter deux minutes à tout casser. Pratique. C'est vraiment bien.

PS : maintenant, j'ai quatorze ans.

Alors, je ne suis pas une excellente élève, non. Disons que je suis moyenne haute. Ni première ni dernière de la classe. Jamais à me faire remarquer.

Du temps a passé depuis le choc du collège. J'ai grandi, bien sûr, encore heureux. Mais je continue de me cacher. Tout le temps. En classe, je fais ce qu'il faut, dans mon coin, et, après les cours, je rentre direct à la maison et je m'attelle à mes devoirs. Pas de sorties, pas de copines, je n'ai même plus Véronique, qui se trouve dans un autre lycée. De toute façon, je n'allais jamais chez elle et elle ne venait jamais à la maison. Rien de nouveau sous le soleil : je ne vois toujours personne et de nombreux regards me dévisagent bizarrement. Par en dessous, vous voyez. Ou dans mon dos. Ça se sent, ces choses-là. Quand on vous zyeute dans le dos, ça picote la colonne vertébrale. En revanche, il y a du neuf dans la famille. Une petite sœur, bébé Gladys, a enfin pointé le bout de son nez. Il a fallu que j'atteigne mes quatorze ans pour pouvoir pouponner ! Quel bonheur !

Gladys est une fête, et cette fête a commencé quelques mois avant sa naissance, le jour où j'ai découvert le « + » sur le test de grossesse que maman avait jeté à la poubelle. Enfin, j'étais exaucée. Récompensée pour toute l'énergie que j'avais mise dans ce projet. Pas un jour sans que j'aie prié pour la fabrication d'une petite sœur. Je l'avais même écrit dans ma bible, pour m'assurer que ça arrive. « Seigneur, donne-moi une petite sœur. » Et enfin, un matin de l'année dernière, maman a murmuré à papa l'air de rien :

– C'est positif…

Ces quelques mots ne m'étaient pas destinés, mais j'ai parfaitement entendu. D'ailleurs, c'est dans ce genre de situation que j'entends le mieux. Je suis plutôt une fille curieuse. Philippe, lui, n'a rien entendu. Ce matin-là, il se préparait dans la salle de bains. Quant à Lucien, il devait jouer dans sa chambre ou inventer un nouveau morceau de musique.

Mais moi, j'étais bien là, aux aguets, même si je débarrassais la table de la cuisine. J'ai même osé demander :

– C'est quoi qui est positif ?

– Non, non... rien du tout, a fait maman.

– Comment ça : rien du tout ?

Bref, elle m'a prise pour une bille. Entêtée, j'ai filé dans la salle de bains parentale. L'enquête journalistique a commencé... Pas compliquée, en l'occurrence. Il m'a suffi de fouiller dans la poubelle pour rapidement détecter un test de grossesse. Une espèce de tube d'où affleurent deux traits roses quand c'est « oui ».

« Oui, madame, vous êtes enceinte, bravo, c'est Christine qui va être contente ! »

Au préalable, bien sûr, il convient d'asperger ce tube d'hormones de grossesse. Maman a bien visé et ses urines en regorgeaient. J'ai immédiatement compris qu'elle était enceinte en lisant la notice et je me suis dit : *Ah ouais...*

Ah ouais, quand même, c'était top, j'étais trop contente ! Impossible de garder une nouvelle pareille pour moi. Aussitôt, je suis allée porter la bonne nouvelle à mes frères. La surprise était belle et totale. Maman avait quarante et un ans, pour ainsi dire une vieille dame, personne ne s'attend qu'une femme tombe enceinte à cet âge-là, il faut le reconnaître. Personnellement, je ne m'imagine pas devenir si âgée, même si c'est dans l'ordre des choses, je sais.

On a choisi le prénom ensemble, maman et moi.

– Qu'est-ce que tu préfères, Sandrine ou Gladys ?

– Ah, non, alors ! Pas Sandrine ! Tout le monde s'appelle Sandrine ! Tout le monde s'appelle Catherine, Corinne, Sylvie, Chantal, Christine ! Alors, Gladys, c'est bien.

Je ne suis pas uniquement devenue une grande sœur. Je suis devenue une petite maman, une maman *number two.*

Donc, voilà, Gladys est notre petit bébé à nous, à croquer, irrésistible. Depuis qu'elle est née, je m'en occupe, c'est une vraie responsabilité et je ne blague pas avec ça, hein. Je me sens plus grande, je me sens plus mûre, je lave ses couches à la main et je lui donne le biberon. Autant vous dire qu'entre Gladys et le lycée que je viens d'intégrer j'ai basculé dans un monde d'adultes.

Il a aussi ses inconvénients.

Il y a de plus en plus de : « Psitt, psitt, eh oh ! T'es jolie ! Y a moyen ? »

C'est de pire en pire et je ne supporte pas. En tout cas, je ne réponds jamais et je ne souris pas. Tu m'appelles ? Tu m'interpelles ? Je te regarde comme une merde. Y a pas moyen, mon gars !

Bon allez, qu'est-ce que je m'énerve encore ?

Après tout, je m'en fous. Grand-mère nous gâte, Philippe et moi, et nous avons la chance de rentrer au Lamentin tous les week-ends, pour pouponner.

La semaine, grand-mère cuisine pour nous. Elle ne fait que ça et on adore. On mange, mais on mange ! Surtout moi. Manger m'emplit de réconfort. Mon plat préféré, ce sont les pâtes gratinées au four avec des ailes de dinde bien assaisonnées. Les pâtes à la tomate et au fromage de grand-mère sont aussi mémorables. Philippe et moi, on mange… je dirais, comme des cochons, pour le plus grand plaisir de grand-mère :

– C'est bien ! Il faut manger pour avoir des forces et se sentir bien. Vide le plat, vide l'assiette ! C'est votre âge, c'est normal !

Je mange énormément. Beaucoup de pain et de beurre aussi, souvent des baguettes entières.

C'est sans fin. Philippe est comme moi, un dévoreur. Légumes exceptés, notre appétit est sans limites et grand-mère nous comble.

Elle se dédie à nous comme elle s'est dédiée à ses dix enfants. Grand-mère Rose a été mère au foyer, vous savez. Grand-père Euloge, lui, était coiffeur. Grand-mère n'a commencé à travailler qu'à soixante ans. La vie ne vous laisse pas le choix, elle n'est pas toujours sympa, c'est comme ça. Donc grand-mère fait le ménage dans un supermarché pour payer ses factures. Une battante, grand-mère. Forte mentalement, forte physiquement, bien ronde. Elle résiste à tout. Je l'admire pour ça.

***

Le week-end, retour à la maison. C'est une joie de retrouver le Lamentin, la famille, et surtout Gladys, notre chouchoute à tous. J'espère que nous serons toujours aussi soudées, Gladys et moi. Ce serait drôle qu'on soit proches comme des jumelles. On s'habillerait pareil. Et, un jour, je choisirais sa robe de mariée. Elle y serait si belle que j'en aurais les larmes aux yeux. Je me demande parfois à quoi on ressemblera, nous tous, à ce moment-là.

Alors je dois vous avouer que, maintenant que j'ai quatorze ans, je commence un peu à m'occuper de moi. De temps en temps, c'est vrai, j'ai envie d'être un peu plus soignée. Il m'arrive de quitter mes deux nattes pour une queue-de-cheval, voire de lâcher carrément mes cheveux. Ils sont très solides, très rebelles aussi. J'apprends... Pour la première fois, je les ai défrisés. C'est fou ce que ça me change. On dirait presque une nouvelle Christine. Je suis plutôt satisfaite du résultat et du reflet que le miroir me renvoie. Par contre, non, je ne me maquille toujours pas. Pas de bijoux non plus. Interdit, ça. Le maquillage me semble très superflu et toujours exagéré, il vous fait une tête de voiture volée. Par contre, oui, je brosse mes sourcils très soigneusement et très régulièrement. Cela donne une netteté à mon regard, quelque chose de franc et direct, je trouve. Ce qui me correspond parfaitement. Pour résumer, je prends soin de moi de manière raisonnable parce que je ne cherche pas les regards, au contraire.

Dans ma classe, un garçon en particulier s'amuse à séduire toutes les filles. Je me mets systématiquement en retrait. Je me cache au maximum. C'est toujours ce paradoxe entre l'apparence et l'aspect intérieur. Chez moi, il y a une contradiction entre qui je suis et ce qu'on voit. Malheureusement, depuis cette insulte sur le balcon du collège, même si je commence à prendre soin de moi, je n'ai jamais cessé d'être embarrassée par mon apparence, par mon corps. Par le fait d'être simplement présente. C'est bizarre, oui. Je sais bien qu'il faudrait corriger ça. M'accepter mieux. Me brosser les sourcils et changer de coiffure m'y aide, dans une certaine mesure. Mais, à ce jour, je n'ai pas la solution. Il ne suffit pas de se brosser les sourcils ou de prendre une aspirine pour ne plus se sentir coupable d'être soi. Je ne sais pas pourquoi, je ne sais pas de quoi, mais je me sens fautive. Ces murmures incessants qui me traversent depuis cette insulte du balcon.

Pourtant, je n'ai rien fait.

Peut-être que c'est l'adolescence ? J'ai lu que c'était un moment difficile à passer, autant pour les enfants que pour les parents. D'accord, mais est-ce que tous les adolescents se sentent fautifs du regard des autres sur eux ? de leurs mauvaises pensées ?

De ce qu'ils écrivent de moi sur les murs.

Finalement, le temps passe, mais cette histoire ne passe pas. Comme si j'avais été attaquée jusque dans ma chair et que j'en porte encore les marques aujourd'hui. Ça cicatrise bizarrement, ce truc-là.

Est-ce que ça prendra toute ma vie ?

Je pense que non, car la fille qui vient d'entrer en 2de est aussi une fille blindée, même si elle n'a que quatorze ans. Je me suis construit un mur intérieur pour me protéger de tout le monde. De tous les regards. Je suis une fille que plus personne ne peut déstabiliser sur le terrain de « Allez viens dans un petit coin me faire un bisou ». Même les profs qui me regardent trop, je les regarde mal, et croyez-moi que ça les refroidit direct ! De ce point de vue là, je vous assure, je suis très forte. Non catégorique !

Les grands de terminale, pareil : pas question.

Je suis construite tel un mur. Mon mur pour mes murmures. Mon mur pour me protéger de qui, de quoi, de tous ? Un mur qui m'apaise.

Tu peux toujours essayer, mon gars, je suis une forteresse. Personne ne va… ne serait-ce que m'ébranler. Aucun intérêt pour ces gens-là, tous pareils, que sur l'apparence.

Savez-vous ce qu'ils ont fait à Marie-Louise ?

Marie-Louise est une fille de ma classe. Un jour, elle me prend à part et elle me demande :

– Dis-moi, Christine, est-ce que tu as déjà embrassé un garçon ?

J'ai bondi.

– Non mais ça ne va pas la tête ! Qu'est-ce que tu racontes !

Je regrette légèrement ma réaction parce que je n'ai pas compris alors ce qu'elle voulait me confier. Marie-Louise ne savait pas comment amener sa confidence. Maintenant qu'elle est enceinte de six mois, j'ai compris ce qu'elle voulait me raconter. Comment elle va élever son enfant ? Toute seule ? Les familles sans père, c'est difficile. Devoir se débrouiller toute seule… J'espère qu'elle trouvera de l'aide. Moi, en tout cas, si je suis dans les parages, je l'aiderai. Son histoire m'a traumatisée. Jamais je n'aurais pu allier les cours avec la grossesse. La période du lycée avec une vie d'adulte. C'était incompréhensible pour moi. J'y repensais souvent.

Pour autant, que les choses soient claires : *jamais* je n'ai embrassé un garçon. Mes notes et mes devoirs d'abord. Ce n'est pas moi qui risque de tomber enceinte. N'empêche, je suis quand même décalée. Toujours en décalage avec la réalité de mes camarades de classe.

Christine, la fille à contre-courant.

Tu embrasses les garçons ? Christine n'embrasse pas.

Tu t'affiches ? Christine se planque.

Tu fumes ? Christine lutte contre le tabagisme.

Tu bois ? Christine ne boit pas. À mon âge ? Ça ne va pas la tête !

Tu as un petit fiancé ? Christine n'y pense même pas.

Tu tombes enceinte ? Christine ne peut même pas l'imaginer…

Et je compte bien que ça dure.

En effet, je n'ai pas d'amoureux et je m'en porte très bien. C'est la ligne éditoriale, si je puis dire, que je me suis fixée, sous la guidance de grand-mère Rose. Par la force des choses, et vu ce que j'ai vécu au collège, je ne vais quand même pas me jeter dans les bras du premier venu. Pas folle la guêpe, d'autant plus que grand-mère Rose me rappelle toujours qu'il y a une saison pour tout.

– Dans la vie, Christine, il y a des saisons. Il y a la saison de l'enfance où tu apprends à écrire et à lire. Il y a la saison de l'adolescence où tu cherches à avoir ton bac. Il y a la saison des vingt ans où tu fais tes études. Il y a la saison des trente ans où tu construis une famille. Il ne faut jamais rater sa saison.

Selon grand-mère, les saisons ratées sont trop difficiles à rattraper, elle est bien placée pour le savoir, je pense. À soixante ans et des poussières, grand-mère est très organisée. Qu'il s'agisse des finances ou de sa vie personnelle, elle gère. D'un côté le terrain familial au Lamentin, où elle vit une partie de l'année. De l'autre le pied-à-terre de Pointe-à-Pitre, où sont nés ses enfants et où nous nous trouvons Philippe et moi aujourd'hui.

Sans être très cool, grand-mère Rose est plus relax que les parents. Copine et stricte en même temps. Elle te laisse vivre et te met le holà pour te rappeler les saisons à ne pas dépasser.

– Écoute-moi bien, Christine, écoute-moi bien…

Et cetera.

En effet, elle se répète beaucoup, grand-mère, j'imagine pour mieux faire entrer les saisons dans ma tête. En toute franchise, elle s'inquiète pour rien, car je ne regarde pas les garçons. Mais elle est si protectrice. Debout avant le soleil, elle prend son petit café, puis nous réveille à 6 heures en douceur. À notre retour du lycée, en fin d'après-midi, elle nous prépare un goûter copieux avant les devoirs, tout aussi copieux. Ensuite, on travaille jusqu'à ce qu'elle dise :

– Bon. Maintenant, il faut manger.

La nourriture et le lycée rythment nos existences.

Après le dîner, on se remet aux devoirs, le plus souvent jusqu'à minuit. Sauf le vendredi, parce qu'on rentre au Lamentin.

Concernant les saisons à ne pas louper, je dois vous avouer aussi que mes grands-parents n'ont pas raté non plus celle du divorce. Car si grand-mère Rose est restée mariée à grand-père Euloge toute sa vie, mamie Paulette s'est séparée de papi Tidès très tôt. Paulette et Tidès sont les parents de papa. Lui est proviseur de collège à Pointe-Noire, une bourgade située à quarante kilomètres de Pointe-à-Pitre. Mamie Paulette habite à Gourbeyre, qui se trouve encore plus loin. Mamie Paulette a été femme au foyer. Une mère qui a toujours choyé ses dix enfants et qui en a fait sa priorité de vie.

Étant donné tous ces kilomètres entre nous, mes frères, ma sœur et moi voyons moins nos grands-parents paternels. Papa est le premier de trois garçons et six filles. Je passe toujours de bons moments en leur compagnie, et avec les cousines. Je joue beaucoup avec leurs cheveux.

Quand j'avais huit ou neuf ans, je me rappelle, en vacances chez mamie Paulette, les taties me mettaient du vernis à ongles. J'enlevais vite tout ça en rentrant au Lamentin. Maman me grondait parce que rien ne lui échappait. Elle voyait systématiquement les traces que j'avais voulu effacer. Mamie Paulette, elle, est vraiment zen, plus encore que grand-mère Rose. Elle est tellement calme, mamie, qu'elle vivra plus de cent ans, je pense. Grand-mère Rose n'en a pas fini avec ses saisons. En principe, les saisons sont au nombre de quatre, mais grand-mère Rose et mamie Paulette en vivront une dizaine, je crois, j'espère.

Le maître mot de mamie Paulette est le suivant :

– Reste calme, Christine...

Pour le coup, je suis mal barrée, parce que je ne suis pas hypertranquille, au fond. J'ai toujours admiré ma mamie pour son calme et son esprit pétillant. La maîtrise de ses mots. Elle écoute beaucoup, elle parle peu. Elle observe tout et ne se met jamais en avant. Elle surfe sur les vagues de la vie avec sagesse et résilience. Jamais en colère. Toujours mesurée, cette jolie mamie Paulette.

– Mange un peu de tout, Christine.

Toujours mal barrée. À cause des BN au chocolat et du saucisson, que je préfère de très loin aux brocolis et aux haricots, beurk.

– Ne te prends pas la tête, hein ? Le truc, Christine, c'est de n'être ni trop heureuse ni trop malheureuse. Ni trop excitée ni trop déprimée.

Compliqué, mais j'ai toute la vie pour mettre ces conseils en pratique. On verra bien. Je ne pense pas que mamie Paulette se remariera un jour. Niveau religion, mamie Paulette s'est convertie au protestantisme il y a peu. Avant, elle était catholique non pratiquante. Papi Tidès n'était rien du tout. Je veux dire : niveau religion. Mais il travaillait beaucoup.

Les femmes se sont mises à travailler récemment, en Guadeloupe du moins. Aujourd'hui encore, maman est l'une des rares mères que je connaisse à travailler. Elle fait partie des premières générations, les premières femmes à oser avoir un emploi tout en ayant des enfants. Évidemment, elle en a eu beaucoup moins que mamie Paulette ou grand-mère Rose. Quand on bosse, on a moins d'enfants en général, c'est logique, je dirais que c'est mathématique. J'aime bien les sciences. C'est carré, ça ne triche pas.

Pour ma part, je n'ai pas la moindre idée du métier que j'exercerai plus tard. En tout cas, je compte bien gagner mon indépendance. Ne pas oublier les mots de grand-mère Rose. La liberté.

– Tes études, ton permis, ta petite voiture, ton travail, ton appartement, et après, tu regardes.

Sage conseillère que grand-mère Rose, enveloppante et pleine d'amour. C'est le pilier de la famille. Tout le monde se réunit autour d'elle. Elle a le sens de la famille et elle nous le transmet. Être ensemble, grandir ensemble, se voir régulièrement, elle nous inculque vraiment ça. J'ai cette notion en moi. La famille est mon ancrage.

***

Je suis assidue à l'église, où je ne manque pas une réunion. Je m'y sens bien parce qu'on m'y voit telle que je suis. Suffisamment en confiance ces derniers temps, j'y ai pris de nouvelles responsabilités. Désormais, je dirige la chorale. À presque quinze ans, je me retrouve à diriger des adultes d'une trentaine d'années. Je ne me rends pas compte que je suis la plus jeune, tellement concentrée sur les missions qui m'ont été confiées : harmoniser les voix, coordonner les chants, égayer l'église lors de cérémonies. J'ai fait un sacré chemin depuis l'époque où je n'osais pas monter sur l'estrade. Quand j'avais six ans, les enfants étaient souvent invités à réciter un verset biblique ou une poésie devant l'assemblée.

Maman me donnait un léger coup de coude et murmurait :

– Allez… ne sois pas si timide !

À six ans, j'étais timide.

À sept, huit, neuf, pareil.

À douze, pire.

Toujours à regarder le bout de ses chaussures, celle-là.

Mais aujourd'hui, mes jambes ne flageolent plus quand je monte sur l'estrade.

C'est moi, Christine Kelly, qui dirige la chorale. Je me suis rendu compte bien plus tard que j'avais évolué sur ma timidité presque maladive grâce à ces responsabilités qui m'étaient confiées au sein de l'église.

Christine Kelly vice-préside l'association des jeunes de l'église. Je suis pourtant si jeune. Mais si déterminée à me sentir utile. À agir, à être une jeune fille d'action. Agir en restant humble. Servir dans l'humilité. Le maître mot de toute ma famille.

J'éprouve une grande satisfaction à intervenir dans les mariages ou les funérailles. Mon piano accompagne toutes les célébrations. Le pasteur et sa femme me laissent organiser des pièces de théâtre ou des comédies musicales. Je m'éclate. Les gens de l'église sont si investis, si solidaires. En rien ils ne sont comparables aux gamins des cours de récréation : ils sont bienveillants, eux. Votre cœur est transparent à leurs yeux. Ils s'en tiennent à vos actions, pas à votre figure. Ce que vous faites vous définit. Pas ce que vous avez l'air d'être.

Un jour, c'est vrai, une dame de l'église de Capesterre-Belle-Eau – nous allons dans cette église tous les vendredis saints – m'a glissé un petit mot où il était écrit :

« Tu sais que tu es une belle jeune fille ? Prends soin de toi. »

C'est marquant. Je pense que je garderai ce mot toute ma vie. Je ne comprends pas le sens de ce message. Belle, je ne sais pas ce que cela signifie. J'ai l'impression qu'elle s'est trompée de personne. Je fais tout pour être au-delà des apparences. Que voit-elle ?

Ce compliment a pourtant gêné maman, qui m'a aussitôt rappelé que l'intérieur comptait avant tout, avant l'enveloppe corporelle. Le corps est un emballage, après tout, encore faut-il voir ce qu'il y a dans le paquet. Maman a raison et je me suis vue dans l'obligation de lui rappeler que j'étais déjà au courant. Finalement, j'ai accepté le gentil mot de la dame à ma façon : être belle, après tout, c'est être chrétienne, belle de cœur, la tête bien faite, comme dirait Montaigne. Tant mieux si j'y arrive. Tant mieux aussi si j'arrive à prendre soin de moi, comme me le souhaite la dame de Capesterre. À vrai dire, je ne comprends pas bien ce qu'elle entend par là.

« Prends soin de toi. »

Est-ce que ça ne suffit pas d'aller à l'église ? Je prie déjà tous les jours avec ma famille.

« Prends soin de toi. »

En plus, je dirige la chorale, je ne démérite pas au lycée, j'accomplis mes devoirs ménagers. Dans l'avenir, je serai quelque chose comme… professeur de mathématiques ? Peut-être de sciences physiques. La voie royale, selon moi.

« Prends soin de toi. »

Je me demande bien à quoi elle pensait, cette dame de l'église, quand elle a écrit ça.

De quoi je pourrais bien me soigner, puisque la morale me guide et que mes notes sont bonnes ?

Franchement, je suis plutôt une fille obéissante et respectueuse de ses parents.

Cependant, force m'est de le reconnaître : j'en ai marre d'être sous la coupe des adultes. Dans la famille, on dit que j'ai du caractère. Certes, il peut m'arriver d'être irrévérencieuse, mais je peux m'en expliquer. Je pense que si j'avais plus de libertés, ma vie serait plus belle, plus simple. Reste que je suis plutôt une fille très obéissante, j'accomplis toutes les tâches qui m'ont été confiées par mes parents, par le collège ou le lycée, par l'église. Dieu, Lui, me comprend. Il voit très bien ce que je veux dire. Il m'accorde sa pleine confiance, Lui, et Il a raison.

Je m'entretiens souvent de ces questions avec Dieu, mais aussi avec le pasteur et son épouse. Ils me donnent un éclairage très intéressant sur la Bible et sur la vie, en répondant à mes nombreuses questions pour comprendre la foi et mettre des mots sur ce qui est souvent incompréhensible dans le chemin de vie d'une jeune croyante. Le pasteur est américain. L'Amérique compte beaucoup de protestants, plus que la Guadeloupe, où la plupart des croyants sont catholiques.

Bon… chacun fait ce qu'il veut.

Aux prochaines vacances, nous partons visiter une église en Pennsylvanie avec le pasteur Douane et son épouse Joetta.

La capitale de la Pennsylvanie s'appelle Philadelphie, ce qui signifie, en grec, « Amour fraternel ».

N'est-ce pas un joli programme ?

Trop hâte d'y être.

– Philippe m'a dit qu'il t'a vue parler avec un garçon.

Mon frère m'a balancée. Alors lui… sa bouche… il va falloir qu'on ait une discussion. Moi, je n'ai jamais rien balancé. Une tombe. Pourtant, il y en a des choses à raconter ! Mais motus, bouche cousue.

J'aimerais bien répondre à grand-mère que je suis en terminale et que, conséquemment, je suis une grande fille maintenant. Je n'ose rien dire. C'est elle, maîtresse en son logis, qui parle, tout en épluchant des pommes de terre pour notre dîner :

– Un certain Franck, c'est ça ?

Mes épaules se haussent légèrement, mais de manière imperceptible. Je ne souhaite pas me montrer malpolie. Grand-mère, qui nous prépare encore notre repas à nos âges désormais respectables, bientôt majeurs, ne comprendrait pas très bien que je sois irrespectueuse.

– Un petit chabin, il paraît ? reprend-elle, mi-figue mi-raisin.

Grand-mère est décidément bien renseignée. C'est vrai, Franck est un petit clair de peau avec des yeux verts.

Je le confesse, Franck m'approche un peu, mais en tout bien tout honneur : il est membre de notre église. Pas le genre à me traiter de S... ou à mettre les filles enceintes. Un gars fréquentable, en somme. Pour cette raison, j'ai accepté de discuter avec lui en sortant des cours. C'est un garçon honnête. Cependant, je rassure grand-mère Rose : Franck est chrétien, que veux-tu que je craigne ? Et...

– ... je ne l'ai pas provoqué. Ce n'est quand même pas ma faute s'il vient me parler chaque fois qu'il me voit ?

– Écoute-moi bien, Christine...

Je l'interromps avant qu'elle n'entonne le couplet sur les saisons de la vie que je connais par cœur.

– Je ne fais que l'écouter quand il me parle. Je ne vais pas repousser un membre de l'église ou regarder ailleurs quand il m'adresse la parole ? Il est très respectueux, tu sais ?

Grand-mère Rose fronce les sourcils et jette une tranche de jambon sur les pommes de terre qu'elle prépare. Une deuxième. Une troisième. Philippe et moi adorons toujours autant la charcuterie. Puisqu'elle demeure silencieuse, je continue à me justifier :

– Franck et moi, on partage les mêmes valeurs…

– Hein ! vous en êtes déjà là !

– On discute !

Ses lèvres se plissent de méfiance.

– Franchement, grand-mère… ne te fais pas de films. Ça m'est arrivé une ou deux fois après les cours de rester avec lui pas plus de cinq minutes… Où est le problème ? Les filles de mon âge ont toutes un amoureux et je suis loin d'être à ce niveau. Fais-moi confiance, grand-mère… Quelques minutes, c'est tout.

– Au lieu de rentrer à la maison pour travailler ? s'indigne grand-mère. Tu es en terminale, Christine ! C'est une année décisive pour la saison des études !

Elle fait une pause avant de reprendre avec sa gravité légendaire :

– Écoute-moi bien, Christine…

Elle me déroule l'histoire des saisons à ne surtout pas manquer. Enfance, c'est fait. Adolescence, terminé. Terminale, une saison en soi ! Les choses sérieuses commencent ! Conclusion :

– Donc n'oublie pas ce que je t'ai dit, Christine, laisse tomber ça immédiatement !

– Ah ouais ? Laisser tomber ça ? Mais grand-mère, il est sympa, Franck ! Juste discuter un peu !

– Non, non, non, non, non, non, non…

Grand-mère récite une série de « non », au final, on dirait un poème en alexandrins. Puis retour à la prose, mais syncopée, comme une chanson :

– Christine, tu as ton bac, tu fais tes études, tu as ton travail, tu as ta maison, tu as ta petite voiture, tu as ton permis, et…

– C'est pas le permis avant la voiture ?

– Hein ?

Je la taquine :

– Dans ta liste, là… Tu as mis la voiture avant le permis. Tu veux que je conduise sans p…

– Tu as ton bac ! m'interrompt-elle. Tu fais tes études, tu as ton travail, tu as ta maison, tu as ta petit… tu as ton permis, tu as ta voiture…

– Ah, tu vois !

– Ensuite, Christine…

– Ensuite ?

Ensuite, elle écarquille les yeux et articule :

– Ensuite, *tu regardes.*

Comprenez : « Ensuite, tu regardes les garçons et tu en choisis un pour la vie, ton mari, le père de tes dix enfants, enfin, peut-être pas dix, mais en tout cas un, Christine. » Là-dessus, elle me tend un plat de pommes de terre à l'ail avec plein de charcuterie, dont je prends aussitôt une énorme bouchée. Un délice.

Je n'oublierai pas de sitôt comme elle m'a secouée avec Franck, comme si, moi, j'avais fait quelque chose. Moi ? Je n'ai rien fait avec Franck, rien du tout, pas même un bisou. Rien ne s'est passé, mais grand-mère met déjà le holà. Elle veille à tout. Elle veille, surtout. Et aujourd'hui, clac ! elle m'a repositionnée.

Franchement, grand-mère a de la chance de ne pas être ma maman, car si maman m'avait joué la même scène, je n'aurais peut-être pas vu les choses de la même manière. Là, en revanche… je ne sais pas, il y a comme un contrat moral entre grand-mère et moi. Pas le choix, je dois suivre ses conseils, qui d'ailleurs s'apparentent à des ordres. Laisser la bagatelle de côté. Ton cœur te parle ? Ton corps te parle ? Dis-lui de se taire et reviens à l'essentiel : l'avenir est dans les études, forme ton esprit, cultive ta beauté intérieure.

D'accord, je ne parlerai plus à Franck, en dehors des coucous que je lui ferai de loin. Désormais, je me concentre sur mon bac scientifique, après quoi je m'inscrirai en fac de sciences.

D'autres jeunes filles auraient sans doute renoncé plus difficilement à une histoire avec un garçon. Pas moi. Quoi qu'il en coûte, je fais confiance à grand-mère. Si elle affirme que c'est une perte de temps, c'en est une. Grand-mère sait de quoi elle parle. Elle est bien placée pour ça.

Dans la vie, il y a des saisons, quand Gladys aura mon âge, ce sera mon tour de le lui expliquer.

À la nuit tombée, grand-mère vient me voir. La voix toute douce, comme si elle regrettait un peu ce qu'elle m'a dit, elle murmure :

– Il ne faut jamais rater sa saison, Christine.

– Je sais, grand-mère.

J'acquiesce, car, en toute sincérité, je suis d'accord avec elle. Cependant, je m'interroge : pourquoi elle ne parle de ses saisons qu'à moi, et pas à Philippe ? Pourquoi les garçons ont toujours la paix alors que les filles sont fliquées ? Grand-mère poursuit :

– Tu auras toute ta vie pour rencontrer quelqu'un… toute ta vie pour tomber amoureuse… toute ta vie.

Étrangement, à ce moment-là, le mot que m'avait glissé la gentille dame à l'église me revient en mémoire.

« Tu sais que tu es une belle jeune fille ?
Prends soin de toi. »

Qu'est-ce que ça veut dire, au fond, en vrai, être belle ? Et prendre soin de soi ? Je ne sais pas trop. Je fais confiance à grand-mère Rose. Grand-mère Rose prend soin de moi, je suppose. Elle cultive ma beauté intérieure :

– Ce que tu apprends maintenant, Christine, tu ne pourras plus jamais l'apprendre après.

Les filles et les garçons de mon âge se tiennent la main dans les escaliers du lycée. Ils s'embrassent. Ils sont amoureux. En ce qui me concerne, des garçons me dévisagent, me draguent, draguent mon corps. Ils veulent absolument embrasser ma bouche. Tout le temps. Alors mon cœur récite le poème en non.

– Non, non, non, non, non, non, non…

Je trace ma route.

Tranquille.

Je sais qui je suis.

Je suis une tête.

Je suis un cœur. Je ne suis pas un corps.

Voilà.

La saison du bac est passée, voici venue la saison des études, faculté de sciences à Pointe-à-Pitre. Et devinez quoi ? Oui, quand je passe dans les couloirs de la fac, tout le monde se tait.

Ils vont bien finir par s'apercevoir qui je suis, à la fin ! Comme si ma présence gênait. Comme si je gênais tout le temps.

Ils vont quand même finir par voir que je suis une bosseuse qui ne s'intéresse qu'à ses notes ! Pourquoi toujours ces regards « différents » qui se posent sur moi ?

J'ai encore cette impression bizarre que plus je me cache et moins je me mets en avant, plus un malaise se crée autour de moi, comme un brouillard opaque qui m'envelopperait et refroidirait l'atmosphère.

Ainsi, à mon passage brumeux dans les couloirs de la faculté de sciences, le temps semble s'obscurcir, le silence s'établit. Qu'est-ce que j'ai fait ? Je l'ignore. Je veux les interpeller en dehors des brumes qui ont l'air de se dégager de moi. Je passe. J'avance. Comme un air de déjà-vu, comme une réaction déjà connue. Ignorer et avancer jusqu'à la salle de cours.

Je suis une grande fille maintenant, plantons le décor de mes dix-neuf ans. J'ai toujours mes deux nattes. Une jupe éternelle tombe juste au-dessous de mes genoux. Dans les yeux qui s'échappent et les silences gênés, je lis et j'entends :

« Regarde-la, elle est différente, celle-là ! »

Oui, à contre-courant.

« Oh, t'es un peu… juste surhabillée, toi ! »

C'est parce que je suis le brouillard.

« Ta mère te surveille ou quoi ? »

Bien sûr, pourquoi en serait-il autrement ?

Constamment, maman demande à quelle heure je rentre à la maison. Si je me risque à prendre cinq minutes de retard sur l'horaire habituel, maman va débarquer à la faculté. Sans hésitation, elle viendrait me récupérer. J'ose à peine imaginer sa tête si elle avait su ce qu'un garçon a gravé sur une table, tout récemment, dans le grand amphithéâtre :

« Kelly, je t'aime. »

Quand j'ai découvert ce message creusé dans le bois de la table, j'ai pensé : *C'est quand même pas croyable, je n'ai rien fait, rien demandé, souri à personne, je n'ai pas non plus fait les yeux de biche ou battu des paupières.* Donc, on ne peut pas m'aimer. Cette déclaration ne me semble pas d'amour. Je ne sais pas ce que recherche vraiment son auteur, mais ces mots ont ranimé ma honte. Qui a fait ça ?

C'est plus fort que moi, dans ce « Kelly je t'aime », je ressens confusément un lien avec les mots sur le balcon du collège… Quelque chose d'étrange relie ce « Je t'aime » à cette « S… ». Il ne s'agit pas seulement de l'effet qu'ils produisent en moi, cette envie de me cacher, de m'enfouir et de disparaître. Il m'est aussi difficile de les distinguer, comme s'ils étaient animés d'une même intention. J'en suis presque à me demander si ce garçon, qui m'aimerait sous couvert d'anonymat, aurait pu, aussi, me traiter de « S… » sous couvert de la même invisibilité. Dans les deux cas, je ne réponds pas aux attentes. Et l'on me colle une image en public, de surcroît, qu'on a fabriquée. Toujours cette histoire d'apparence qui émane du corps. Qu'est-ce que je m'en fiche, de mon corps !

Gravé dans le bois au cutter, « Kelly je t'aime » sera sans doute plus difficile à effacer que la déclaration du collège.

Paradoxalement, je n'ai pas l'impression que les garçons me regardent vraiment. Ils ne me regardent pas franchement. S'ils le font, c'est en cachette. Quand bien même je m'en apercevrais, je n'y ferais sûrement pas attention. Je ne serais pas réceptive : ce n'est pas la saison des amours, mais celle des études. Avec rigueur, j'applique les préceptes climatiques de grand-mère Rose. Pourtant, je reçois aussi des lettres d'amour chez ma grand-mère. Sont-elles du même auteur ? Elles ne sont pas signées. Grand-mère Rose se désole de ces courriers entremêlés d'amour et de haine. De mensonges et d'admiration. C'est à n'y rien comprendre.

Cet amour qui se voile, je ne comprends pas. Amour menteur ? Un amour qui se ment à lui-même ? Qui cache quelque chose. Qui se trompe d'objet. Je ne suis pas celle qu'ils croient et je ne fais rien pour ressembler à celle qu'ils imaginent.

Eh ! les filles et les garçons, c'est juste moi ! Moi avec mes deux couettes et ma jupe longue.

Je ne dirais pas que je n'attire pas l'attention, car je l'attire. Le seul fait de n'appartenir à aucun groupe d'étudiants attire l'attention sur moi, comme si, à moi seule, j'étais une bande à part. Finalement, je me rends compte que mes parents m'ont élevée à contre-courant. Ne pas être ce que les autres attendent de vous, mais être vous. Tout simplement. Courageusement. Je ne sais pas si, à cet instant, je l'ai réellement intégré, mais une petite lumière en moi commence à grandir parallèlement à ces regards accusateurs. Heureusement, aucun de ces désagréments ne m'empêche de suivre le rythme des saisons et de me préparer à la prochaine, celle du travail. Après ma licence en sciences et mathématiques, j'ai dans l'idée de me diriger vers l'enseignement, comme mes parents. Ce qu'il y a de beau et de noble dans ces disciplines, c'est précisément la discipline qu'elles demandent. Je suis une fille rigoureuse, les maths me vont comme un gant. La noblesse des mathématiques réside aussi dans leur abstraction. Les maths ne sont pas un corps, elles sont des idées. Rien de superficiel dans les maths, aucun jeu sur les apparences.

Sauf peut-être les boucles d'oreilles.

***

Normalement, en Guadeloupe, dès que tu es née, clac, clac, un trou dans chaque oreille et on te met des boucles. Comme je nage à contre-courant – j'ai lu quelque part que les saumons avançaient de cette manière –, j'ai attendu d'avoir presque vingt ans pour me conformer à cette tradition ancestrale.

C'est fait.

C'est irréversible.

Mes oreilles percées arborent désormais de minuscules clous sans strass ni paillettes. Avec la bague que je me suis offerte grâce à mon premier salaire, c'est la seule parure que je m'autorise. Je travaille beaucoup, énormément. À l'université pour mes études et en dehors pour les payer. J'ai trouvé un boulot par les petites annonces de l'université : « Cherchons étudiants pour accueil clients au service de réservation Air France par téléphone. »

Un métier qui n'impose aucun contact physique avec la clientèle, mais juste assez d'entregent pour communiquer par téléphone, ça m'allait. Je suis allée passer les tests. À cette occasion, j'ai découvert combien les places étaient chères : cinq postes pour huit cents demandes. C'est dire comme j'étais contente d'avoir été prise. J'adore échanger avec ces voyageurs qui ne me voient pas. Ils ne peuvent se fier qu'à ma voix. Apparemment, elle inspire confiance. Très souvent, les clients m'envoient des bouquets de fleurs pour me remercier d'avoir pu résoudre leurs différents casse-tête : trouver une place en urgence, rapatrier un corps après un décès, trouver des places pour qu'une famille voyage ensemble, faire voyager un enfant malade qui devait être opéré en urgence. Les encouragements pour mon travail et la reconnaissance que j'en reçois me gênent, comme si j'étais un imposteur, et à la fois je me sens utile, sans jamais être vue, sans jamais être jugée sur mon apparence. Avec ce premier emploi d'étudiant, je me rends compte que, ce qui importe dans la vie, ce n'est pas ce qu'on réalise, mais la différence qu'on a faite dans la vie des autres. Les clients ne savaient pas à quoi je ressemblais, j'avais bien choisi mon emploi d'étudiant, j'avais sciemment accepté en me rassurant d'être enfin à un poste où personne ne me jetterait de regard, un pur bonheur. C'était mon premier job, ma première grande liberté, mon premier salaire, mes premiers bouquets de fleurs qui se succédaient à la réservation d'Air France. Cet emploi m'a offert une liberté tant espérée. J'ai pu m'offrir mon premier parfum et enfin du vernis à ongles. Un vernis acheté mais jamais posé, tant j'avais du mal à transiger avec les règles de l'apparence, à mettre de la lumière sur mon corps. Le parfum suffisait souvent.

Il m'avait semblé que mes nouveaux bijoux et l'amélioration générale de mon apparence, même très légère, auraient pu contribuer à mon intégration dans la communauté estudiantine. En me parant, me parfumant, raisonnablement et sans intentions séductrices, je faisais un pas vers ma communauté. Mais non. Personne ne voit qui je suis, comme si une distance s'était installée pour toujours depuis ces mots affichés sur le collège.

Devrais-je porter des créoles tombantes pour être considérée à ma juste valeur ? Les lobes d'oreille qui s'affaissent sur tes épaules parce que tes boucles sont trop lourdes, je trouve ça ridicule. Je n'y arrive pas. La sobriété est ancrée en moi. Toujours peur d'être vue. Déjà trop vue.

La vie continue avec son lot de joies, de peines et de saisons.

Prochain cycle, Paris.

CAS DE FORCE MAJEURE

J'ai été bien prise ces deux dernières années : par mes études, Paris et Petit-Chéri. Petit-Chéri est entré dans ma vie l'année dernière, 1991. Je suis sur le point de m'en séparer. Cas de force majeure. Je vous raconte bientôt.

Si j'ai été amoureuse ? Amoureuse, moi ? Première nouvelle. Je ne crois pas vraiment l'avoir été, non. J'aimais bien Petit-Chéri, mais sans plus. C'était mon petit chéri, quoi.

Oui, je partage votre surprise : quand même, elle qui n'a jamais regardé un garçon, ça y est, elle a eu un petit chéri ?

Grand-mère Rose vous répondrait que vous avez raison, ce n'était pas tout à fait la saison, du moins, elle était précoce. À vingt-deux ans, je ne suis pas encore installée dans la vie, pas prête, alors, pour cette saison-là… Celle des amours et de la fondation d'une famille. Pour cette raison, Petit-Chéri n'était que petit. Cet amour n'était pas le grand, le majuscule, le Grand Amour comme avec mon mari, qui le sera plus tard. Il n'en était pas moins agréable, me laisser vivre un peu ne m'a pas fait de mal.

Pourtant, je me justifie... Encore un paradoxe.

À toutes fins utiles, je précise également que ce n'est pas ma faute. Ce n'est pas moi qui suis allée chercher Petit-Chéri.

C'est lui qui m'a choisie.

Je me suis laissé approcher, mais il lui a fallu être patient. Très patient. Ma sœur m'a toujours reproché de me laisser choisir en amour, mais de ne jamais choisir moi et décider pour moi. Ce petit chéri, Jean-Éric, avait tout fait pour m'approcher. Je n'ai pris aucune initiative. Je ne sais peut-être pas m'y prendre. La seule que je prendrai consistera à lui annoncer notre rupture. Cas de force majeure. Comme mon retour au Lamentin en Guadeloupe.

Après mes études en sciences physiques et mathématiques, je me suis bel et bien installée à Paris. Je dois le confesser, mon intégration n'a pas été évidente. À Paris, au cœur de la République unie et indivisible, de nouveaux regards se sont posés sur moi. Séparateurs. Différentialistes. Ils m'ont blessée comme les regards du collège. Comme si ma présence gênait certains, comme si certains voulaient dire : « Repars d'où tu viens. » Mais la Guadeloupe, c'est la France.

Les regards qui me reprochent d'exister m'inspirent encore beaucoup de honte. Le sentiment d'humiliation est plus fort que moi, plus fort que ma raison. Certaines personnes ne vous verront jamais telle que vous êtes. On ne sera jamais assez bien. J'ai envie de me dire que leur poison n'est pas le mien. C'est comme au collège, quand je me sentais coupable de n'avoir rien fait. Coupable de l'image forgée par certains aveuglements et certains préjugés. Il va falloir que je me muscle l'esprit, car je compte bien exercer ma force, celle de ne pas m'appuyer sur mon apparence pour avancer.

Faute de moyens financiers, j'habitais une minuscule chambrette au sixième étage d'un immeuble situé dans l'ouest de Paris. Pas d'ascenseur, pas de toilettes, sauf sur le palier. Six étages… je n'ai jamais été très sportive. Toujours pas. Le sport est une corvée, du temps qu'on perd avec son corps. Franchement, si j'avais pu me dispenser de grimper six étages à pied et plusieurs fois par jour… Je ne devais jamais oublier quoi que ce soit.

Il me fallait pourtant m'acquitter d'un loyer tous les mois, alors je cumulais les petits boulots. Une succession d'emplois pour vivre, pour manger, mais également pour exister, pour me chercher, pour tenter de me trouver. Chercher la vérité dans ma vie. Chercher à m'aligner. Il y a une différence profonde entre poursuivre un but et s'aligner : le premier vient de la peur, l'autre de la confiance. Mais je suis encore bien loin de m'aligner. Je ne le sais pas encore, mais un de mes nombreux emplois m'aidera à me mettre face à moi-même, m'aidera à comprendre ce qui se joue au fond de moi. Les hasards de la vie me réjouissent. L'un d'entre eux m'a menée dans les studios d'Archipel 4, une chaîne de TV privée et locale en Guadeloupe. C'était en septembre dernier, à Pointe-à-Pitre. Car, si j'habitais Paris, je restais fidèle à ma famille et à mon île. Chaque année, j'y retournais en été me ressourcer auprès des miens.

L'été dernier a été un peu particulier.

***

Début septembre, alors qu'il était temps pour moi de rentrer à Paris, maman m'a dit :

– Reste encore un peu avec nous, Christine. Tu sais, il y a une petite chaîne télé qui recrute. Elle a embauché un voisin que je connais bien. Fais-lui passer un CV. Ça te ferait un petit boulot pour finir tes vacances !

L'idée de travailler pendant les vacances était parfaitement raccord avec mes valeurs, à savoir : « Démerde-toi, et le ciel t'aidera à payer ton loyer. » Ce concept, pourtant, celui de se montrer à la télé, avait de quoi surprendre venant de maman, qui m'avait toujours protégée du regard des autres et mise en garde contre l'exhibition de sa personne physique. Ni elle ni moi ne nous sommes rendu compte de ce paradoxe. Qui plus est, je ne suis pas une affamée d'attention. Certes, le collège est loin. Le balcon de l'établissement est archivé dans un obscur recoin de ma mémoire. Cela me ferait presque sourire si je ne l'avais totalement oublié.

Femme d'action, j'ai déposé un *curriculum vitæ* pour travailler avant la fin de mes vacances et de mon séjour sur mon île. À vingt-deux ans, mon expérience professionnelle est relativement diverse et déjà grande. Sans compter les deux langues que je pratique couramment, français et anglais. Or, la petite chaîne guadeloupéenne cherchait une journaliste bilingue, car elle s'adresse à toute la Caraïbe. Pour résumer, mon profil semblait correspondre. Bonjour, Christine Kelly, études en mathématiques et physiques, j'ai multiplié les emplois dans le tourisme. Aussi, je m'exprime presque parfaitement en anglais. Je suis la personne qu'il vous faut.

Malgré mon effort pour entreprendre cette démarche, ma motivation reste alors liée à la satisfaction qu'elle procure à ma mère. Si je mets de l'énergie dans cette affaire, il n'y a pas en moi une véritable envie personnelle d'agir pour moi-même. Ce qui me pousse à présenter ma candidature à cette chaîne de télévision n'est pas un désir intrinsèque, mais le plaisir que cela provoque autour de moi. Ma famille tenait à ce que je reste en Guadeloupe avant tout, au lieu de retourner à Paris.

Le lendemain, 11 heures du matin, on m'appelle déjà :

– Bonjour, madame, votre profil nous intéresse beaucoup, mais vraiment beaucoup. Vous venez pour un entretien à 16 heures ? Dans nos locaux, oui.

Ponctuelle, j'arrive pile à l'heure, c'est-à-dire une minute avant. Je prends les choses si peu au sérieux que j'apparais sous mon meilleur jour, souriante et détendue, absolument pas crispée. Cette légèreté apparente me vaut, avec la spontanéité qu'on me prête, d'être embauchée une heure plus tard.

Cool… un petit job de vacances !

Mais… dans quoi je m'embarque finalement ?

Passé le premier stade de totale zénitude, une prise de conscience émerge, qui s'impose progressivement à mon esprit, comme un éclair de lucidité qui se mettrait à clignoter doucement en moi. C'est une intuition bizarre, l'impression que je ne me lance pas dans cette aventure tout à fait par hasard et qu'il s'agit d'un peu plus qu'une simple aventure. Comme une plongée dans un paradoxe, un univers de représentation, moi qui suis d'abord attachée au message avant l'image.

Quarante-huit heures plus tard, je suis à l'antenne. C'était un jeudi. J'ai passé la journée de la veille à traduire des reportages venus des îles anglophones : Barbade, Saint-Kitts et Nevis, Anguilla, Montserrat, Bahamas, Sainte-Lucie, Trinidad. Il fallait ensuite préparer des textes pour introduire ces reportages puis enregistrer mon émission en extérieur. Une journée très dense pour mes débuts, mais quel bonheur. Plus il y a du travail et plus je me sens exister.

Archipel 4 est une toute petite chaîne très sympa, qui n'émet que depuis 1985. Au départ, elle s'appelait KTV5 (Karukéra Télévision 5). C'était une chaîne de télévision privée et locale en Guadeloupe, qui complétait la chaîne publique régionale RFO Guadeloupe et d'autres petites chaînes privées. Au début, elle diffusait surtout dans Grande-Terre et certaines parties de Basse-Terre. Quand je l'intègre, elle vient d'être rebaptisée Archipel 4, sa diffusion s'est élargie et sa programmation s'est enrichie : émissions locales, événements sportifs et culturels, films, musique. On me confie *Caribscope*, ce magazine d'information sur l'actualité des Caraïbes.

***

Comme à l'époque où je mettais en scène des comédies musicales et des pièces de théâtre pour l'église, je fabrique moi-même les décors. Je vais chercher mes invités avec ma petite voiture qui tombe toujours en panne. Payée avec mes propres deniers, je précise.

Pour ne rien vous cacher, je m'entraîne à parler à une caméra. Rien de plus simple, figurez-vous. Contre toute attente, pour s'habituer, il suffit de parler au capuchon d'un stylo Bic. On le tend devant soi, on le fixe intensément, et on se lance :

– Mesdames, messieurs, bonjour ! Aujourd'hui, dans l'actualité de la Caraïbe, rendons-nous à Saint-Domingue !

Le tour est joué. Je m'amuse.

Mon travail quotidien consiste notamment à traduire des émissions, de l'anglais vers le français. Je présente également des reportages d'information sur la Guadeloupe. L'intérêt de mes petites émissions, c'est que beaucoup de gens ne sont pas au courant de ce qui se passe autour d'eux, dans cet archipel caribéen qui ne compte pas moins de sept mille îles (récifs compris), parmi lesquelles les Grandes Antilles, les Petites Antilles et les îles Bahamas. La Guadeloupe, elle, se situe dans les Petites Antilles et à l'intérieur d'une autre sous-région dénommée les îles du Vent, où se retrouvent aussi la Martinique, Saint-Barthélemy et Saint-Martin, entre autres.

Compliqué, la géographie, n'est-ce pas ?

En dépit de cette étendue et de cette complexité insulaire qui me passionne, Archipel 4 reste une toute petite chaîne, et je ne pense pas qu'elle soit vraiment regardée. Nous travaillons de manière artisanale et familiale. Bizarrement, cela me rappelle la chorale et l'église. Il y a la même bienveillance. Nous ne sommes pas si nombreux, une vingtaine en comptant tous les techniciens et animateurs.

Si étrange que cela puisse paraître, je m'habitue vite à cette ambiance familiale et à ce monde d'image. J'ai beau savoir que je suis filmée, l'objectif ne m'apparaît pas comme un regard, le regard des spectateurs qui se trouvent chez eux au moment où mon visage est diffusé sur leur écran. Car la caméra m'évoque le capuchon du Bic face auquel je me suis entraînée. Parfois, elle me fait penser à un simple bouton. Regarder un bouton est facile, car il n'a pas la capacité de vous retourner votre regard. Pas non plus celle de vous juger ou d'être malintentionné à votre égard. Conséquemment, je n'ai aucune difficulté à parler devant la caméra, à sourire, même. Je ne serais sans doute pas si à l'aise devant un vrai public. Je ne pense d'ailleurs pas qu'il y a vraiment un public.

En attendant, je prends plaisir à œuvrer dans cette petite chaîne privée et je m'amuse aussi de faire la couverture d'un magazine. *TV Mag Guadeloupe* me consacre sa première page, c'est marrant. Je n'y avais pas pensé mais, c'est vrai, beaucoup de gens cherchent leurs programmes télé dans des magazines. Être en une du magazine ne me fait aucun effet particulier. J'ai du mal à réaliser que c'est parce qu'il y a un public qui regarde et qui apprécie mes émissions que je suis en une. Je regarde la photo. Je ne suis pas très bien coiffée, cheveux au vent mais attachés à moitié comme le chignon de ma mère, « une banane ». Je porte une caméra, j'ai une tenue en jean, je souris avec le soleil plein les yeux, car la photo a été prise en extérieur sous le soleil chaud de Pointe-à-Pitre. Au fond, je me fiche de mon image. Je n'ai pas le sentiment de faire un métier d'image : je m'applique dans ce boulot comme je me suis appliquée dans tous les autres. De manière plus générale, seul m'importe le fond. La forme, l'image et l'apparence me sont indifférentes. En quelques mois, je présente plusieurs émissions, j'anime avec mon cœur, je rencontre des invités exceptionnels qui m'inspirent, j'apprends chaque jour. Mais je sais que c'est une parenthèse.

Les vacances se terminent, mon petit boulot aussi. Dans mon esprit, je retourne à Paris où m'attend Petit-Chéri. C'est le moment des au revoir avec le patron de ma chaîne et toute l'équipe, notamment Yvonette, la directrice générale, avec qui j'ai lié une douce amitié. Je suis loin d'imaginer que cette amitié durera toute une vie.

– Bon, ben voilà, je pars mardi prochain ! C'était vraiment super de travailler avec vous.

Le visage d'Yvonette se décompose. Je ne sais pas, elle a l'air choquée.

– Ça ne va pas ? je lui demande.

– Mais, enfin, Christine... tu ne peux pas partir comme ça !

– Ben si... je dois rentrer à Paris.

Elle pousse un long soupir, semble réfléchir et finit par ajouter :

– Écoute... Attends, on va convoquer un conseil d'administration.

Je suis interloquée. Pourquoi réunir un conseil d'administration au sujet de mon départ ? Tout le monde le savait depuis le début, si passionnant soit-il, ce petit boulot n'était qu'un job provisoire. En tout état de cause, la réunion s'organise et il semble que je sois le point n° 1 de l'ordre du jour.

Je n'ai rien demandé. Pourtant, à l'issue de cette réunion, le patron de la chaîne, Jacques Fahed, m'annonce gravement :

– Le conseil a pris sa décision, Christine, à l'unanimité. *On ne peut pas perdre Christine.*

– Comment ça : *On ne peut pas perdre Christine* ?

Je me sens blêmir, comme si une centaine de regards s'abattaient d'un coup d'un seul sur ma personne. Poliment, je proteste :

– Mais je n'ai pas envie de rester à la télé !

– Tu y es magnifique, Christine !

Mon sang ne fait qu'un tour. Ça ne va pas recommencer, cette histoire d'apparence ? « Magnifique », que veut-il expliquer ? Je m'efforce de rester calme :

– Écoutez, merci, mais la télé ne me fait ni chaud ni froid.

– Mais enfin, Christine, tu es excellente ! Tout le monde t'adore, tu as une façon de captiver les téléspectateurs, on veut absolument te garder.

Je suis troublée. Excellente ? Me reconnaîtrait-il des qualités professionnelles ? Je ne comprends pas de quoi il s'agit. Qui regarde ? Quels sont les téléspectateurs ? Ils sont combien ? Je suis en décalage. Je n'arrive pas à comprendre ce que je fais bien au juste. Je n'ai pas fait d'école de journalisme, je ne comprends pas ces félicitations à mon égard. Comme si je ne les avais pas méritées. Comme si j'étais un imposteur.

Avec insistance, j'explique que mon appartement est à Paris, mon amoureux est à Paris, je comptais continuer à travailler et à vivre à Paris. En Guadeloupe, j'habite chez les parents, je n'ai pas d'appartement, je manque de tout. Réflexion faite, j'accepte, mais pas sans conditions.

– D'accord, je continue, mais ce n'est pas avec les deux mille francs que vous me donnez par mois que je vais pouvoir rester en Guadeloupe.

Mon nouvel employeur m'aide à trouver un studio afin de renouer avec mon autonomie, une voiture qui marche et un autre job alimentaire. Maman est contente, je suis contente qu'elle soit contente. Oui, je prolonge mon engagement pour lui faire plaisir, et puisque cela fait aussi plaisir au patron de la chaîne, pourquoi les en priver ? Des gens veulent de moi ? Allons-y.

Par contre, Petit-Chéri reste à Paris. Cas de force majeure. Bon, ne me reste qu'à le lui annoncer…

SILENCE, ON TOURNE !

Un quart de siècle. C'est mon âge désormais. En l'écrivant, je m'aperçois que j'ai deux fois l'âge de la gamine du collège, celle dont le nom fut accolé au terme vulgaire, péjoratif, dépréciatif, de « Salope ». Étonnamment, le temps passe à un rythme normal sur mon quotidien. Mais quelque chose s'est figé dans l'année 1981, un certain matin, à 7 h 20. À partir de cet instant, le temps s'est arrêté en moi. Il n'est toujours pas reparti de ce point de blocage. Cet événement-là ne passe pas. Indigeste. Qui suis-je ? On essaie tous d'apprendre à s'aimer. Et une barrière s'est érigée contre cette possibilité de s'aimer soi pour moi. Chercher la vérité dans ma vie, être honnête avec moi-même pour avancer dans ma construction personnelle, je me heurte, au fond de moi, à un mur.

À vingt-cinq ans révolus, j'achève pourtant une seconde boucle de douze années (et demie).

Douze ans et demi après l'épisode du collège.

Le fait qu'il s'agisse d'une insulte m'avait clairement anéantie devant mes camarades. Je savais juste que c'était une insulte à l'opposé de ce que j'étais. Ceux qui ont écrit le savaient aussi. Mais ils avaient la volonté de blesser par des fausses informations, par des mensonges, de faire mal et d'anéantir. Cette volonté d'isoler, de montrer du doigt, d'exclure du troupeau, de poser une étiquette qui m'identifie comme « brebis galeuse ». De décrédibiliser.

Toute une mécanique s'enchaîne : mépris, humiliation, dévalorisation, intériorisation de l'insulte, se rabaisser, se cacher, se déshumaniser en cherchant à disparaître de la vue d'autrui. Disparaître ou survivre.

Ce petit mal me rongeait de l'intérieur. Lentement mais sûrement. Sans en identifier l'origine et la cause, je ressentais un mal-être. Je ne croyais plus être utile à la société. L'avais-je vraiment été ? Me cacher. Disparaître ou survivre. Les regards des autres me pesaient et souvent je me suis sentie de trop. À vouloir disparaître. Je ne sais pas pourquoi mes tentatives de suicide n'ont jamais abouti. C'est peut-être pour écrire ces mots aujourd'hui. Souvent, alors que certains décrivent la tentative de suicide comme « juste un appel à l'aide », en ce qui me concerne, j'ai vraiment voulu disparaître à un moment donné. Un jour, tout est noir. Un jour, l'envie de disparaître est plus forte. Ça aussi, c'est ma vie, et je n'en ai pas honte. C'est dans la faiblesse que l'on trouve sa force. C'est en admettant qu'on est fragile que l'on retrouve de la force. Le premier pas vers la grandeur est celui de reconnaître son inaptitude, ses difficultés, son impuissance, ses fragilités. Cette envie de disparaître m'a ensuite abandonnée. Elle n'est plus jamais revenue et je peux en rire aux éclats aujourd'hui. Pour autant, j'admets les failles du début de mon âge adulte. Cette sombre envie qui arrivait de temps en temps m'a finalement quittée. Je me cherchais sans me trouver. Je me construisais en cherchant mes bases. Je me heurtais à cet épisode du collège qui me renvoyait à l'idée de vouloir disparaître. Cette envie s'est enfuie, en me rappelant que j'avais cette base donnée par mes parents : la foi, la détermination, le courage. On a le droit de tomber. L'essentiel est de se relever. On a le droit de vaciller. L'essentiel est de l'admettre. L'histoire du héros commence lorsqu'il relève son genou de terre. Le guerrier est tombé, mais le héros se relève. Je me suis posé toutes les questions qui fâchent au plus profond de moi et, tout au long de ma vie, j'ai remplacé mon mal-être par l'action. L'action élimine la crainte.

Je n'étais qu'une enfant.

Une enfant, vous dis-je.

Et cette enfant, moi, est devant une caméra de télévision ?

Fuir les regards, chercher à se cacher, à ne plus être, mais être devant une caméra, comme une façon d'être face à soi-même.

Pourtant, oui, deux ans après mes débuts à Archipel 4, je creuse le sillon audiovisuel. J'intègre RFO, Réseau France Outre-Mer, le groupe audiovisuel public. RFO vient de me recruter moi, la gamine qui fuyait les regards au collège pour cause de harcèlement.

RFO est une chaîne plus importante qu'Archipel 4, notamment en termes d'audience. Je sens très vite la différence. Les téléspectateurs m'interpellent dans la rue. Femmes, hommes, enfants, ils associent ma personne à mon image dans le petit écran.

– Ah ! Christine ! C'est vous !

– Christine, on vous aime !

– Voici ma petite-fille, Christine. Elle vous suit tous les jours.

C'est une nouvelle page qui s'écrit. L'expression de cet amour me touche, il est sincère, il part d'un bon sentiment. Pas la moindre malveillance dans ces propos. Et je me sens à la fois protégée de cet engouement pour ce que je représente, comme recroquevillée à l'intérieur. Une partie de moi est renfermée sur elle-même, devenue insensible ou presque aux regards extérieurs. Comme si un mur s'était construit pour me protéger depuis cette période du collège. Comme un bruit sourd que l'on entend sans écouter, que l'on perçoit sans qu'il vous atteigne. Des phrases que j'entends lorsque je vais faire mes courses, lorsque je suis à la plage, lorsque je suis en ville, et qui, comme lors de mes douze ans, ne me touchent pas. Comme si j'avais été coupée de moi-même depuis plusieurs années. Mais en ai-je réellement conscience ? De qui parlent ces personnes ? À qui parlent-elles ? Que voient-elles réellement de moi ? Je préfère de loin qu'on me reconnaisse pour la qualité de mon travail plutôt que pour le seul fait de ma présence à l'écran. Par exemple, j'ai récemment réalisé un reportage sur le carnaval, dont je suis assez fière, mais on m'en parle peu. Étais-je en train de creuser ce décalage entre l'apparence et ma véritable identité ? Comment se libérer des regards insistants et des jugements, tout en exerçant ce métier à la télévision ? Et si c'était le chemin pour abattre ce mur bien érigé en moi ? Je ne le sais pas encore.

Revenons à ce reportage sur le carnaval. Ai-je réussi à communiquer l'essence du carnaval aux téléspectateurs ? Telle est mon ambition, réussir à faire passer des messages de pédagogie sur les sujets qui m'ont été donnés par mon rédacteur en chef. Ai-je appris quelque chose en réalisant ce reportage ? Oui. S'agissant du carnaval, il m'a si longtemps été interdit. Pour papa et maman, le carnaval était une manifestation à éviter, à regarder du plus loin possible. Le corps dans toute sa laideur. Le corps qui se déhanche, qui se trémousse, se contorsionne, tout ce dont il faut se détacher. Pourtant, le carnaval est l'expression d'une identité locale. Le carnaval a une âme. Une histoire. Ne s'exprime-t-elle pas au travers du corps ? Manifester son histoire à travers son corps, c'est tout ce qui m'a été interdit depuis toute petite dans mon éducation. Pas de danse, pas de carnaval, pas de mouvement du corps, seul le travail de l'esprit compte. Très investie dans mon travail, je m'engage aussi dans la question de la jeunesse et de son orientation, au travers des émissions et reportages que je présente. Cette émission intitulée *Contact* permettrait de mettre des lycéens en lien avec des enseignants, des conseillers en orientation, afin de les aider à trouver leur voie. Je ne le savais pas encore, mais je chercherais toujours la mienne. Cette voix intérieure qui vous pousse à chercher votre voie, votre moi. Ce mur au fond de moi qui s'est épaissi avec ce métier d'image, loin de l'abattre, il me protège. Ce mur me protège des autres, mais me protège aussi de moi.

Malgré ce que je cherche à faire passer à l'écran, je ressens confusément que l'écart entre celle qu'on reconnaît et celle que je suis se creuse. Être arrêtée dans la rue par des inconnus, ces personnes qui me saluent, cela me nourrit, même s'ils ne savent pas grand-chose de moi en dehors d'une image projetée, d'une apparence. Ces mots devraient me réconcilier avec moi-même, panser mes plaies, adoucir mes interrogations, mais en réalité, aucun encouragement ne vient dépasser cette forteresse en moi. Tout éloge, toute reconnaissance vient se fracasser contre ce mur de mes douze ans. Je constate avec étonnement que les années passent, les remarques élogieuses se multiplient, mais ne m'atteignent pas. Une infime partie seulement vient caresser une enfant à la recherche d'estime, voire d'amour. Peut-être y a-t-il en moi, au-delà de ma conscience professionnelle, un manque à combler, une faille qui aurait quelque chose à voir avec la mise à l'écart dont j'ai été l'objet au collège et plus tard. Quand j'y pense, je me demande si ces témoignages d'affection ne compenseraient pas la solitude que j'ai éprouvée face à cette insulte affichée sur le balcon de mon collège. Le contraste est tout de même saisissant. J'y reviens toujours. Ce jour-là, au collège, je suis assez loin d'être estimée, reconnue ou aimée. Douze ans et demi plus tard, la situation paraît s'inverser, les témoignages d'affection affluent. Ils sont comme les marques d'un soutien à retardement. Imaginons une minute qu'ils se soient manifestés ce jour-là. Quelques camarades de classe se rapprochent de la gamine harcelée et lui clament leur amitié :

« Christine, on t'aime ! On sait que tu es gentille ! »

Alors ils escaladent le balcon pour effacer l'insulte et tout est mis en œuvre pour en retrouver les auteurs. La suite de l'histoire ? Il n'y en aurait sûrement eu aucune, car je n'aurais pas eu besoin de me terrer dans ma honte. Je n'aurais pas eu besoin de me noyer dans ma honte. Les regards des autres ne m'auraient sans doute pas fait l'effet d'un couteau qui me pelait à vif. Peut-être même que je n'aurais jamais fait de télévision ?

L'insulte au balcon a-t-elle présidé à mon destin ?

Y a-t-il eu, ce matin-là de mes douze ans, la scission qui a fait de moi deux personnes en une seule ? Christine-cœur et Christine-corps ?

Aujourd'hui, à vingt-cinq ans, cette impression d'être deux en une se renforce chaque jour : Christine, la fille de l'intérieur, et Christine, la fille que l'on reconnaît dans la rue. « Celle qu'on reconnaît » retourne très vite au placard. En une fraction de seconde, tout de suite après avoir été encouragée par les téléspectateurs, je l'y range comme un vêtement que je vêtirai de nouveau le lendemain. Cet habit est toujours impeccable, repassage compris.

Mais que vaut-il, ce bel habit, puisque ceux qui l'aiment le prennent pour une vraie personne ? Je me demande parfois si ceux qui m'encouragent voient mon cœur au-delà de mon apparence.

Je reçois aussi quantité de courrier. J'apprends très vite à me méfier de certains adulateurs. Parfois, ce sont des pervers ou des fous.

« Mon amour,

Pourquoi tu as abandonné notre enfant ?

Je n'accepterai pas le divorce, tu nous as quittés...

Notre fille a déjà deux ans et elle te réclame. Tu n'aurais pas dû partir. Passe la voir je t'attends. Je viendrai sinon à RFO afin que tu apaises ses souffrances et que tu la prennes dans tes bras... »

Il s'est probablement trouvé des personnes pour croire que cette histoire, née dans la tête de ce monsieur, était vraie, comme il s'est trouvé des filles et des garçons pour croire que j'étais celle du collège, cette personne détestable en quête de regards masculins, celle qui rend les filles jalouses à dessein, la fille qu'on n'invite pas à dîner de peur qu'elle vole notre mari. Cette inscription sur le mur du collège, quand même, me poursuit.

Étonnamment, je me sens à l'abri devant une caméra. En dehors de l'équipe, il n'y a personne en studio. Intervenir au milieu d'un public en chair et en os, une assemblée d'yeux braqués sur moi, serait très différent. Parler face à de vrais yeux ? Ressentir toutes ces respirations. Éprouver ces corps. Je ne sais pas si j'aurai un jour à affronter ce genre de situation. Je veux dire ailleurs qu'à l'église. Franchement, je préfère la caméra. Tant que je peux me cacher devant elle, ça va.

Après, tu rentres chez toi, un jeune homme te lance « Psitt ». Alors tu réponds instinctivement, très enragée :

– Oh ! doucement là !

Tu avais oublié que tu étais encore « Celle qu'on reconnaît » dans la rue.

Pas grave.

Je travaille sept jours sur sept pour RFO pendant deux ans.

Je suis utile. Je m'améliore. Je me sens exister. L'action élimine la crainte.

***

Et les saisons ? Celle des amours ne m'oublie pas. Mais si un Grand-Chéri est entré dans ma vie récemment, je ne suis pas prête à lui donner l'enfant qu'il réclame déjà. Qu'est-ce qui me retient ? Le désir de gagner mon indépendance *d'abord.* Mais je sens bien, au fond de moi, qu'il y a autre chose. Je sais trop comme un enfant est fragile, facile à briser, difficile à réparer. Devenir parent vous oblige en particulier à protéger votre progéniture. Est-ce toujours possible ? L'amour que vous lui portez est-il un rempart suffisant ?

J'ai beau adorer les enfants et avoir pouponné ma petite sœur comme une seconde maman, la saison de la maternité n'est sans doute pas encore arrivée. Je continue de suivre les préceptes de grand-mère Rose : d'abord le boulot, d'abord l'indépendance financière. Grand-Chéri attendra. Je dois poursuivre ma quête d'intégrité et de beauté intérieure avant tout.

Moi qui m'étais vouée à l'enseignement, je me suis définitivement orientée vers le journalisme. Rien ne m'y prédestinait. Pourtant, quand je replonge dans mon carnet, le journal intime de mon enfance, à qui je ne disais finalement pas tout, je m'aperçois de ce lien évident avec les mots. Après mes premiers pas sur RFO, ne me restait qu'à approfondir mes connaissances du métier de journaliste afin de l'exercer le mieux possible, en professionnelle consciencieuse et appliquée.

La première étape a consisté à me former aux métiers de l'audiovisuel, à l'Institut national de l'audiovisuel, puis au journalisme à proprement parler, à l'Institut universitaire de technologie à Bordeaux. J'y ai été reçue avec cette phrase mémorable :

« Les Antillais comme vous, ils ne restent pas ; ils repartent dès l'hiver parce qu'ils ont froid. Êtes-vous réellement motivée ? On en doute. »

Bon, je suis restée. Et je ne suis pas frileuse, vous savez. Ça doit venir de mes ancêtres bretons. Ou des Arawaks ? J'ai obtenu mon diplôme de journaliste dans cette école reconnue par la convention collective. C'était un pas important pour moi. Aligner mon savoir-faire et la reconnaissance de ce savoir-faire. Valider mes expériences, valider qui je suis.

Je me retourne pour considérer le chemin parcouru : déjà trois ans depuis mon premier jour à RFO. Cinq depuis mes premiers pas à Archipel 4.

Après mes formations, je poursuis mon parcours, de nouvelles chaînes me recrutent, la presse écrite également, la radio aussi. Une façon de mettre en œuvre mes compétences. De me confronter à mon image également ? S'assurer d'être aussi à l'aise à l'écrit que devant la caméra ? Aussi bien devant un micro sans image qu'en présentant une émission ? En même temps, je travaille à France 3, Demain TV, La chaîne météo, Voyage, Ushuaïa TV, LCI... Je multiplie les expériences avec un appétit dévorant de grandir et de progresser. De sculpter mon âme. Toujours cette histoire de tête bien faite que professait Montaigne dans ses *Essais* : développer une réflexion libre et ouverte, un esprit critique, la capacité de réfléchir et de s'adapter. J'apprends.

Mon bonheur est indicible quand je suis embauchée sur La Chaîne Info. Déjà l'an 2000. J'ai trente ans, LCI n'en a que six. Je suis emballée. Sujets politiques, sociétaux ou d'actualité, je présente les journaux télévisés sur la première chaîne info de France. Je rends compte, je témoigne et je mets en lumière des questions dont le système politique doit s'emparer pour trouver des solutions utiles à la société. Je m'applique à faire preuve de pédagogie. Il m'importe de m'effacer derrière ces questions et derrière l'information que je mets en avant. Vous l'aurez deviné, m'effacer n'est pas difficile, tant j'ai passé d'années à raser les murs. L'effacement, la discrétion, l'art de se faire oublier… ma seconde peau. Il faut savoir tirer parti de ses traumas. D'abord l'info. Toujours l'info. Encore l'info. « La star, c'est l'info, ici ! » criait le patron de LCI. Aucune tête ne devait dépasser. Notre mission était de nous faire petits derrière l'info. J'adorais. Je me sentais bien là, cachée derrière l'info, au service de l'info. Au service d'une cause plus grande que moi. Ne jamais se mettre en avant. Telle était la devise de Jean-Claude Dassier.

L'info en continu me portait, l'action me transportait, mais le mur en moi était toujours là. Je croyais l'avoir oublié mais il était là. J'ai rencontré dans ces différentes rédactions le même profil que ceux qui avaient inscrit mon nom en une au collège. Des gens qui systématiquement me sous-estimaient, me prenaient de haut, avaient une piètre opinion de moi et se méprenaient sur mon compte parce que j'étais différente. J'ai essayé d'y faire face, de me cacher derrière mon mur, le mur de mes douze ans. Les agressions résonnaient de la même façon. J'ai essayé d'utiliser cette énergie dirigée contre moi pour faire grandir ma résistance. C'était ma façon de combattre ces gens. Travailler dur pour être considérée par moi-même. Je savais que je n'avais pas droit à l'erreur. Tout le monde fume, pas moi. Tout le monde raconte son enfance ancrée dans un petit coin de la France, moi, je viens de loin. Tout le monde a la même apparence physique, moi, je suis noire. Mais j'ai appris à faire fi des apparences. Je ne peux prouver qui je suis dans le miroir de quelqu'un d'autre.

À trente ans, les conditions de mon indépendance me semblent enfin remplies, je suis mariée, désormais, à l'homme que j'aime et dont j'ai finalement rejoint le désir de fonder une famille. Tu te maries, tu tombes enceinte, c'est comme ça. Lui était prêt bien avant moi. Cinq ans me seront nécessaires pour partager son vœu de devenir parents, deux de plus pour que notre souhait se concrétise avec l'arrivée de jumeaux. Je suis enceinte. Mes rêves sont plus grands que mes peurs. Je suis la plus heureuse du monde. Grand-mère, tu vois, j'ai tout fait dans l'ordre ! Mes études, mon travail, ma voiture, mon mari, mes enfants…

La plus belle nouvelle de ma vie. La vie pousse dans mon corps. C'est une sensation et une joie indescriptibles. Comme tous les parents, nous nous préparons à les accueillir.

Mais le destin en voulut autrement.

Moi qui étais enfin prête, le destin me les a arrachés. Ma vie a basculé. Leur cœur s'est arrêté. Six mois de grossesse et c'est un monde qui s'écroule. On peut tout avoir, mais on ne peut pas tout avoir en même temps.

Privée de maternité, je tourne la page aussi vite que possible.

Mais perdre un enfant n'est pas dans l'ordre des choses. Un enfant dont les parents meurent est orphelin, mais comment désigner l'inverse ? Aucun mot n'existe pour qualifier ce drame. Il est inqualifiable. Deux enfants. Quels prénoms souhaitez-vous leur donner ? Souhaitez-vous les enterrer ou les incinérer ? Je pense tourner la page très vite en m'abritant derrière mon mur de détresse et de forteresse, celui qui me permet d'avancer sans que l'on sache vraiment qui je suis. Sans que je sache moi-même qui je suis.

Cahin-caha, la vie reprend, je retourne travailler sur LCI.

Pourtant, une peur incontrôlable m'anime, l'angoisse viscérale de tomber enceinte de nouveau. Je n'en ai plus envie. Plus du tout. Trop peur de perdre les bébés après le vécu d'une grossesse inaboutie. Rendez-vous manqué. Tiens, je m'aperçois que je dis « les bébés ». C'est étrange et drôle à la fois. Comme si l'on était forcément enceinte de plusieurs bébés. Cette expérience a dû s'ancrer en moi, jusqu'à modeler mon expression, mon sang, mes veines mon âme, mon mur.

Si le travail m'apporte des satisfactions consolantes, mon mariage, lui, ne résiste pas au séisme du deuil. Je divorce.

Je ne veux plus tomber enceinte. Imperceptiblement, un nouveau verrou s'installe dans mon corps déjà entravé. C'est comme si, une fois de plus, je le censurais, je lui interdisais une liberté d'expression, celle de la maternité. Mon corps n'est plus libre d'aimer, d'enfanter, je lui dis « non », comme s'il n'était pas à la hauteur, comme s'il n'avait pas de valeur. Comme si je lui avais fait confiance et qu'il m'ait déçue.

Cette autodépréciation ne rejoint-elle pas celle que j'ai subie au collège ?

C'est possible. Je ne sais pas. Je ne me pose pas réellement la question, ce n'est pas mon problème, c'est un non-sujet. Puisque je suis une femme d'action, l'essentiel est ailleurs : la vie continue, faire et vivre au présent. Ne te retourne pas et regarde devant toi l'horizon briller.

Le temps finit par guérir les blessures, même si ce n'est qu'en apparence. Les mois polissent les cicatrices, du moins à la surface. Bref, ma peur se dissipe de semaine en semaine, mon chagrin s'évapore, l'idée même d'une grossesse m'échappe, elle disparaît derrière le verrou. Au bout de quelques mois, c'est parti. Comme ça. C'est sorti de ma tête. Je ne me pose pas la question de savoir où est passé ce désir de maternité et de famille. Il n'est plus là. Il m'a quittée. Tout est pour le mieux, me semble-t-il. Une faculté à tourner les pages.

La maternité rayée de ma carte des possibles, je me dédie corps et âme à mon métier. Au goût de certains, je m'y consacre un peu trop.

Mon patron, en revanche, voit tout. Au-delà des apparences, Jean-Claude Dassier voit la personne que je suis réellement. Une professionnelle acharnée, qui oublie un peu trop sa vie privée, son corps. Sur le ton de la blague, il me dit un jour :

– C'est vrai que tu as divorcé, mais est-ce qu'il faut en rester là ? Laisse-toi aller. Et puis… drague un peu ? Et puis, perds-moi ces cinq petits kilos que tu as pris.

Ces propos peuvent paraître brutaux, pourtant, ils se veulent bienveillants. Ils émanent d'une personne qui me devine repliée, grave et prostrée derrière le sourire de convenance. Ils m'encouragent à sortir de ma coquille. Seulement, je me suis habituée au confort du repli, je cultive cette distance depuis si longtemps que je m'y sens bien. Peu m'importe l'image que je projette, peu importe le corps que j'habite sans l'entretenir. Pas besoin de faire la belle pour exercer mon métier, n'est-ce pas ? L'esprit avant tout.

Quelque temps plus tard, c'est mon amie Karine Le Marchand qui, au cours d'un dîner chez elle, me fait brusquement cette réflexion sur mes kilos en trop :

– Non mais, Christine, pourquoi tu as peur d'être belle ?

Je suis en train de manger, elle me regarde, étonnée et inquiète de mon appétit d'ogre qui dévore tout. Ça ne date pas d'hier… Et Karine me sort cette phrase : « Pourquoi tu as peur d'être belle ? » Belle, moi ? Peur, moi ?

En mon for intérieur, je me dis : *Mais qu'est-ce qu'elle raconte ?* Je suis secouée, parce que je ne comprends pas ce qu'elle veut dire. La beauté n'a jamais été une question pour moi. Au contraire, la beauté m'a toujours semblé aux antipodes de la spiritualité. La beauté est la source des tourments. On l'admire et on la convoite alors qu'elle suscite de l'envie, qu'elle attire des « Psitt », des insultes, qu'elle vous place face à des attentes, des jugements, des défis insoupçonnés. La beauté vous éloigne de vous-même. Elle ment à votre sujet. Alors, non merci. Au cachot, la beauté, derrière l'un de ces verrous inviolables dont j'ai le secret.

Dans la foulée, Karine me raconte son rapport à la nourriture, ses combats qu'elle domine et maîtrise. Son rapport au corps. Je suis frappée de la liberté avec laquelle elle aborde la question du corps. Le moins qu'on puisse dire est qu'elle ne s'encombre pas de verrous. Comment peut-elle être si à l'aise avec la question du corps ? Sa beauté ne lui a-t-elle pas valu des misères ? Comment est-elle arrivée à l'entretenir malgré ces désagréments ?

Prendre soin de moi ?

M'occuper de mon corps ?

Me soucier de mon apparence ?

Toujours pas mon sujet. Mon corps ne fait pas partie de mes préoccupations. Dès l'enfance, j'ai appris à le cacher. À l'adolescence, j'ai continué de le contrer. Mon corps me paraît sans importance, il n'est qu'un détail, presque un accident de parcours dans mon existence. Un encombrant. Pourquoi m'en soucierais-je ? Pourquoi m'inquiéterais-je de ce qu'on en pense, de ce qu'on en voit, de ce qu'il renvoie ?

Je ne le nie pas, à douze ans, je me suis enfermée dans une sorte de nuage de fumée que j'ai fabriqué moi-même pour me protéger. Vingt ans plus tard, je m'y trouve toujours aussi bien. Cette brume me va. Pour autant, je n'empêche personne de regarder mon âme, de voir mon cœur.

« Pourquoi tu as peur d'être belle ? »

Ces mots résonnent quand même en moi. Et pendant de nombreuses années.

***

Après neuf ans au service de l'information à LCI, je quitte la télévision.

Mon collègue Jean-Claude Narcy, journaliste aguerri qui a longtemps présenté le journal de 20 heures et celui de la nuit sur TF1, s'inquiète pour moi :

– Pourquoi tu quittes la télé ? Tu ne te rends pas compte. On ne quitte pas la télé !

D'accord. Seulement, en réalité, peu m'importe d'être à l'image. La télévision et passer à l'antenne n'ont jamais été une addiction. Ce qui compte à mes yeux, c'est apprendre, grandir, progresser. Travailler le fond de dossiers ne demande pas nécessairement d'être à l'antenne et je n'ai aucune difficulté avec l'ombre. Bien au contraire. Pour cette raison, je disparais des écrans quand j'accepte d'intégrer le Conseil supérieur de l'audiovisuel. Cette proposition, venue du président du Sénat, Gérard Larcher, m'honore. Un représentant de la République, à laquelle je suis si attachée, m'envisage comme « sage » au sein de l'autorité de régulation ?

Fait notable, seules mes compétences professionnelles me valent ces propositions. À aucun moment il n'est question de mon physique, de mon sexe dit faible ou de ma couleur de peau dite minoritaire. J'en suis d'autant plus ravie, car, être à contre-courant, c'est aussi refuser de se laisser enfermer dans des cases toutes faites. Au jour de notre rencontre, Gérard Larcher justifie son choix par des qualificatifs tels que « travailleuse, respectueuse, efficace ». Touchée. Je suis bien cette personne-là.

D'autres amis journalistes, comme Jean-Claude Narcy, très surpris de me voir rendre ma carte de presse, me mettent en garde :

– Tu sais qu'on va prendre ta place, si tu t'en vas ? Tu ne vas plus pouvoir revenir !

Certes, qui part à la chasse perd sa place. Et moi de répondre :

– Merci, les amis, mais c'est décidé, je bifurque.

Pas un seul instant je ne me suis dit que j'allais perdre quelque chose. J'ai hâte de me frotter à la difficulté des dossiers. Bien entendu, intégrer cette institution requiert un travail considérable en termes de compétences juridiques dans l'audiovisuel, au sein de cette autorité administrative indépendante où je suis la plus jeune et la première personne venue d'outre-mer. Cela contribue-t-il à casser mon image et à se concentrer sur mes actions ? Je pense que oui. Mon choix, un choix moral, brouille les pistes. Parfait. Kelly n'est pas celle affichée au collège lors de ses douze ans. On attend le résultat de mes actions. Pas question d'apparence. Pas question de ce que mon image projette, mais de ce que je fais. L'idée me porte. Il va falloir être à la hauteur de la mission. C'est ce à quoi je m'engage, non sans émotion, lors de ma première réunion plénière au CSA, aujourd'hui l'Arcom.

Chargée de m'assurer de la bonne application de la loi relative à la liberté de communication, je préside aussi de nombreux groupes de travail aux enjeux proches de mes préoccupations. La lutte contre l'obésité et les dérèglements alimentaires en font partie. Étonnamment, alors que je questionne nos usages alimentaires avec le plus grand sérieux (trop de gras, trop de sucre), je ne remets pas en question mon propre comportement alimentaire. Eh oui, je mange très gras moi-même et j'adore le sucre. J'en suis probablement touchée aussi, mais aucun effet sur ma santé ne se fait sentir, alors… pourquoi modifierais-je mes habitudes ? On verra quand j'aurai cinquante ans.

La jeunesse et la protection des mineurs sont un autre groupe de travail du CSA que j'intègre, comme en écho à mon « impuissance » maternelle. Il y a beau temps que les jumeaux sont partis. Jusque-là, je croyais cette expérience digérée, résolue, derrière moi. Or, un soir, je découvre à quel point je suis encore anéantie. Alors que je regarde un documentaire à la télévision, à propos d'une femme qui a perdu ses enfants, je fonds en larmes. Les chutes du Niagara. Force est de me l'avouer enfin : tu n'as pas guéri de *ça*, Christine. Dix ans plus tard, je me rends compte que la blessure est encore béante là où je m'étais persuadée de n'avoir aucune cicatrice. Je m'étais menti à moi-même, j'avais censuré mon corps, dénié sa souffrance, et les larmes qui ne cessaient de couler ce soir-là étaient un signe avant-coureur de sa rébellion. Peut-être fallait-il commencer mon travail de deuil ?

D'emblée, je l'avais refusé. Le deuil, veux-je dire. Mes jumeaux, je n'avais pas pu les regarder. On me l'avait pourtant proposé : « Regardez-les. » Je ne l'ai pas voulu. C'était au-dessus de mes forces. Pas fait le deuil. Peut-être y avait-il aussi un autre travail, d'ailleurs, qui avait quelque chose à voir avec tous les verrous que j'avais scellés à l'intérieur de moi, depuis mes douze ans, au point qu'ils étaient devenus invisibles. Ce n'est peut-être pas un hasard alors si, peu après mon entrée au CSA, je m'investis dans l'aide aux familles monoparentales. Un sujet dont personne ne parle.

***

Ma fondation s'appelle K d'urgences et je la crée sous l'égide de la Fondation de France. Son objectif est simple : venir en aide aux parents isolés et en difficulté sociale ou éducative. Si mon histoire personnelle éclaire cet engagement d'un jour particulier, elle n'en est pas la motivation principale. En d'autres termes, je veux aider, me mettre au service de l'intérêt général, qui dépasse, de très loin, mon intérêt particulier. Car, chaque matin, nous croisons tous, sans forcément nous en rendre compte, des mères ou des pères seuls, pauvres ou surendettés, des femmes ou des hommes que le divorce, la séparation ou le veuvage ont plongés dans une précarité inimaginable. Les femmes représentent l'écrasante majorité des parents solo.

Au travers de ma fondation, que je transformerai plus tard en association, je prends conscience de la souffrance, j'essaie de l'apaiser.

Je pense à Zaccharria, croisé un jour à l'entrée du magasin Zara, où je vais m'acheter quelques habits :

– Madame Kelly ! s'écrie-t-il.

Je lui réponds sur le ton de la plaisanterie :

– Ah ! vous me reconnaissez ! C'est vrai... je sors de chez le coiffeur, en effet.

L'homme sourit et continue :

– Oui, je suis physionomiste. Je m'appelle Zaccharria... enfin, j'ai changé de prénom, maintenant, je m'appelle Raphaël.

Il commence à me raconter sa vie, bouleversante : sa mère, disparue trente ans plus tôt alors qu'il n'était qu'un enfant. Son père, mort récemment.

– Mais je pense que c'est lui qui a tué ma mère... Vous ne pouvez pas savoir ce que j'ai vécu.

Il a été placé. L'horreur absolue, me dit-il.

Ces mots me chamboulent au point qu'une heure plus tard je n'en suis toujours pas remise. Cet homme, devenu adulte, a été placé, c'est-à-dire *déplacé*, de ce qui aurait dû être son véritable foyer. Perdu, il a été ballotté d'un endroit à l'autre parce qu'il n'avait plus personne. Plus un parent à qui se raccrocher.

Je croise tant d'histoires similaires. Des familles brisées, des enfants livrés à eux-mêmes par suite d'un accident, une maladie, une négligence.

Voilà les enjeux de K d'urgences, tenter de leur venir en aide. Au moins, dire que ces familles ont besoin de visibilité.

Les nombreux cas de familles monoparentales m'ont meurtrie, m'ont fait pleurer avec ces femmes et ces hommes en souffrance et m'ont permis d'être ancrée dans les difficultés de la vie.

Plusieurs années plus tard, le cas de Léna m'émeut. Je suis particulièrement frappée par cette petite fille de huit ans, harcelée et tabassée à l'école à Franconville. Étonnamment, les enfants des familles monoparentales sont souvent harcelés à l'école. Malgré ma surcharge de travail entre mes émissions à CNews et mes différents conseils d'administration, je m'arrête sur ce cas. Je lâche tout pour m'occuper de cette petite de huit ans. Sa mère m'a contactée. Elle est en pleurs. Elle ne sait vers qui se tourner. Sa petite doit aller chez le dentiste, dents fracassées, après avoir été victime de coups à la récréation.

Je m'adresse immédiatement au maire de la ville, Xavier Melki, pour qu'une solution soit trouvée. Je ne le connais pas, mais je mets tout en œuvre pour le contacter. Je ne peux rester inactive face à des enfants en situation de fragilité. Des enfants isolés, stigmatisés ou harcelés. Les enfants à part, les enfants tristes, les enfants mal dans leur peau, les enfants malheureux. Je ne lâche rien. Le maire est très réactif. Il me promet d'aider Léna.

Il me recontacte plusieurs jours après pour m'expliquer que les harceleurs sont non seulement dans son école, mais également sur son palier. La mère de Léna confirme. Le jour, la nuit, un acharnement sans fin. Des moqueries, du tapage nocturne, des ordures jetées sur leur palier. Des insultes du matin au soir.

Comment une petite fille de huit ans peut-elle survivre à des insultes au quotidien ? à des bagarres et des coups de poing à en avoir les dents cassées ?

Le maire décide de faire déménager les harceleurs, déjà connus pour être nocifs envers tout le quartier. Le logement social pour ceux qui le méritent, oui, mais pour ceux qui harcèlent les autres, comment l'accepter ? Xavier

Melki me tient au courant de l'avancement des dossiers. J'appelle régulièrement la mère de Léna pour prendre de ses nouvelles ; je lui propose de la rencontrer. Je cours après le temps, je ne sais pas comment y arriver, mais je vais recevoir cette petite. Il va falloir que j'insuffle en elle un espoir, une raison de se battre, une raison de vivre.

Cette petite Léna, dans l'oreille de laquelle je murmure tout l'amour du monde. Je serai là. Appelle-moi. Dis-moi si ça va mal. Je vais te sortir de là. Compte sur moi. Je t'aime, tu sais. Tu as ta maman qui est là et moi aussi je vais t'aider.

Jamais je n'oublierai ces instants avec elle. C'était plus fort que moi. Il fallait que je la voie, que je la touche, que je l'encourage. Son regard, caché derrière ses lunettes, était froid. Vide. Perdu. Désespéré.

Elle s'en va.

Je rappelle le maire. Je le rappelle encore. Deux semaines passent. Je ne pense qu'à cette enfant. Va-t-elle s'en sortir ? Il le faut ! J'appelle sa mère. Je prends régulièrement de ses nouvelles jusqu'au jour où, un matin, un message de Xavier Melki vient la délivrer.

– J'ai obtenu le déménagement des harceleurs. La petite ne sera plus harcelée. C'est effectif sous quinze jours.

Une solution a été trouvée ! La harceleuse a déménagé et changé d'école. Je suis heureuse que des souffrances indicibles soient épargnées à la petite victime. Plus jamais elle n'aura à raser les murs. Elle n'aura plus mal au ventre le matin avant de partir à l'école. Quel message de délivrance ! Quel soulagement ! J'en pleure. J'appelle la mère, j'appelle Léna. Quelle libération !

Mais, au fond, qui est-ce que je cherchais à délivrer ? La situation de cette enfant me renvoyait à mon propre mur, celui que j'avais construit. Ce harcèlement que j'avais vécu. Cette fragilité que j'avais en moi. Je n'ai pas crié au secours, je n'ai jamais été aidée. Elle a crié à l'aide, il était de mon devoir d'intervenir. Peut-être, au bout du bout, de m'aider moi aussi. Mon acharnement à venir au secours de cette petite, comme tant d'autres dans mon association, m'a renvoyée à mon propre harcèlement.

Je suis engagée depuis quinze ans auprès des familles monoparentales. Colloques, réunions, tables rondes sont des occasions de réfléchir sur la condition particulière de la monoparentalité dans notre société. Des occasions aussi de porter des propositions. Aider les enfants des autres me comble de bonheur. Tels ces week-ends que je leur réserve, pour les accompagner au théâtre ou au concert. Nous partageons des moments de franche rigolade. Il n'est pas besoin d'être mère pour être maternelle. Je le suis profondément. Cela remonte à la naissance de ma petite sœur, qui fut mon premier bébé, quand j'avais quatorze ans. Ainsi que je me l'étais imaginé, je lui ai acheté sa robe de mariée et j'ai pleuré comme une mère quand elle l'a essayée. Dès sa naissance, un miracle ! J'ai été une petite maman, une petite maman adorée aussi par les neveux et les nièces, une petite maman qui n'envisage pas d'avoir des enfants, ou du moins qui le pense. C'est comme ça. La vie en a décidé pour moi et je l'ai décidé avec la vie. C'est ce que je me dis.

Pour autant, les enfants m'aiment et j'aime tant les serrer dans mes bras. Quelque chose, dans cet amour-là, vous console de toutes les peines, de tous les chagrins. C'est difficile à expliquer et même à concevoir, l'amour qu'ils vous donnent est celui que vous leur offrez.

J'ai beau ne pas être encore mère, j'ai peut-être quelque chose à leur transmettre. La transmission, c'est le projet d'une vie. Passer un flambeau pour que la lumière ne cesse jamais de briller.

LES BEAUTÉS DE LÉA

Une nuit, à quarante ans, je me réveille en sursaut, yeux écarquillés dans le noir, et je me dis tout à coup : *Je veux un enfant.*

De jour ou de nuit, jamais une telle pensée ne m'avait traversé l'esprit. Et voilà qu'elle me tire du sommeil ? À ma grande surprise, une sorte de dialogue intérieur s'entame. Ma conscience – en tout cas, je crois que c'est elle – me répond :

– *C'est clair... Christine, il va falloir que tu y réfléchisses. Là, c'est bientôt fini.*

– *Qu'est-ce qui est bientôt fini ?*

– *Il va falloir que tu t'organises*, me souffle ma conscience.

Je m'enfouis sous la couette. Haussant les épaules, je me dis :

– *Bon. Pas envie de tomber enceinte.* Problem solved.

Pour m'en convaincre, je referme les yeux. Mais la petite voix de ma conscience poursuit :

– *Tu as peur de les perdre ?*

– *Perdre quoi ?*

– *Voyons, Christine... Tu le sais trop bien.*

– *Oui, je vais les perdre, laisse tomber.*

Je rouvre les yeux dans l'obscurité et demeure ainsi dans le silence, m'interrogeant. Est-ce ma conscience qui me parle ou est-ce mon horloge biologique ? Une chose pareille ne m'était jamais arrivée. Enfin, je ne crois pas. En tout cas, je ne me souviens pas d'avoir dialogué de cette manière avec ma conscience ou avec mon horloge biologique. Interdit. Et voilà qu'une petite voix intérieure me parle ?

La conscience analyse, perçoit, comprend, interprète un environnement, mais aussi les pensées de celui qui est doté de conscience. L'horloge biologique, c'est différent, ça régule.

Comme le CSA, je pense tout à coup avec un sourire amusé.

Attention, ne pas se laisser distraire par cette pensée saugrenue, probablement un tour que me joue mon esprit pour me faire oublier le motif de mon brusque réveil au milieu de la nuit, cette idée très, très précise :

Je veux un enfant.

Et ma conscience ou mon horloge biologique qui rebondit :

C'est clair... Christine, il va falloir que tu y réfléchisses. Là, c'est bientôt fini.

Bientôt fini ? Clairement, mon horloge biologique est dans le coup. C'est vrai, j'ai largement entamé la quarantaine, mon horloge biologique a sonné les douze coups de minuit. Depuis, elle me tient éveillée, dérègle mon sommeil avec la complicité de ma conscience :

– *Tu avais mis ça dans un petit coin de ta tête, Christine. Tu y réfléchissais de temps en temps, non ? Tu t'es vue, quand tu as pleuré toutes les larmes de ton corps devant le documentaire qui... ?*

– *Peut-être que j'aurais bien aimé avoir un enfant, mais ouais, bof.*

Bof ou pas bof, ma conscience et mon horloge biologique ne s'en laissent pas conter.

– *Tu es arrivée au CSA, tu as créé ton association des familles monoparentales, est-ce que ce ne serait pas le moment ?*

Le moment. Le moment est la question qui survient dans la vie de toutes les femmes.

Il paraîtrait qu'elle émerge autour de quarante ans. Qu'elle a quelque chose à voir avec les hormones, mais aussi et surtout avec le sens de la vie.

Quel est le sens de ma vie aujourd'hui ? À moi qui ai accompli un certain chemin, un chemin certain depuis la gamine de douze ans insultée et méprisée aux yeux de tous ?

Force m'est de le reconnaître, le désir de maternité me tenaille. Qu'est-ce que cela dit de moi ? Est-ce une faille ? une force ? une façon de soigner cette petite partie de moi qui s'est éteinte ce jour de mes douze ans, lorsque j'ai fait un déni de vie et que j'ai pris ce recul sur tout ce qui pouvait être lié à mon corps ?

In-cro-ya-ble.

– *Non, Christine, pas si incroyable que ça.*

Les revoilà l'une et l'autre. Ma conscience et mon horloge m'écoutent penser et se mêlent de ma réflexion :

– *Qu'ils aient deux, quatre ou six ans, tu fonds. On t'a vue, tu sais. Qu'on te mette un enfant sous le nez et tu fonds. Pourquoi, à ton avis ? D'ailleurs, les bébés t'adorent, n'est-ce pas ?*

– *Certes.*

Pas une poussette que je croise sans que les poupons m'offrent un merveilleux sourire. Comme s'ils devinaient qui j'étais pour de vrai. Je vais vers eux, ils viennent à moi, ceux de K d'urgences m'accueillent toujours à bras ouverts. Croisez-moi au centre commercial avec votre bébé et j'aurai du mal à ne pas lui sourire de toute mon âme. J'adore les bébés et leurs gazouillis, les enfants et leur joie de vivre. Je les couvre de câlins. Ils me couvrent d'amour.

Comme si j'en manquais.

Cet amour-là, réciproque, partagé, échangé, me semble si pur et si sincère.

Revigorant.

Réparateur ?

Mon engagement auprès des familles monoparentales me répare sans doute autant que je répare ces enfances fracturées. Alors, bien sûr, une nuit, on se réveille avec cette question existentielle qui affleure, à fleur de peau, à fleur d'esprit. Dans les tripes. Ma conscience et mon horloge interne ne me laissent pas de répit. Petites voix impitoyables, elles voient clair en vous :

– *Est-ce que, Christine, maintenant, tu n'aurais pas quelque chose à transmettre, toi, directement, à un enfant qui serait le tien ? Et si c'était le moment ? Le moment de t'accomplir ? de faire face à tes propres peurs ? de faire face à tes failles ? Ce mur dressé dans ton âme, ces jumeaux nés sans souffle de vie.*

Faire face à soi-même. Assumer sa vie, son destin, se dresser devant sa propre route et se dire qu'on avance malgré ses peurs. Qu'on a quelque chose à partager malgré son manque de confiance en soi, se dire qu'on doit se construire. Ne jamais cesser d'avancer et d'affronter ses propres fantômes.

Je frissonne dans mon lit de ce désir d'enfant qui renaît, mais aussi de cette peur de les perdre. Puisqu'ils arrivent toujours par deux. Pour rien au monde je ne revivrais la mort que j'ai déjà donnée. Et puis, un enfant, c'est pour la vie. Un enfant, on lui doit tout, absolument.

– *Récapitulons*, susurrent les petites voix. *Là, tu es au CSA. Ton mandat, six ans. Après, trois ans d'interdiction d'exercice du métier de journaliste.*

– *Ces histoires de conflit d'intérêts, oui, c'est vrai.*

– *Mais tu n'as pas l'impression, franchement, que les étoiles s'alignent ? Ces trois années… ne pourraient-elles être consacrées à un enfant ?*

Je résiste quand même :

– *Je serais moins bien payée pendant ces trois années de jachère. Aurai-je les moyens ?*

– *Mauvaise foi ! Tu auras largement de quoi vivre et prendre soin d'un petit être ! Tu as tant d'amour à donner. À partager avec un enfant. Et peut-être à recevoir d'un enfant. Le moment est venu, Christine, de faire un pas de côté.*

Je m'enfonce encore sous la couette où je m'efforce de disparaître.

– *Christine Kelly, c'est toi-même qui te parles, du fond de ton cœur et de ton âme. Fais-toi confiance : ce pas de côté t'irait comme un gant. N'es-tu pas le saumon qui nage à contre-courant ?*

Je recommence à réfléchir.

***

Je réfléchis, je tergiverse, j'en discute avec les amis, notamment avec Françoise Laborde, comme moi mandatée au Conseil supérieur de l'audiovisuel.

– Qu'est-ce que tu en penses, Françoise ?

Elle me répond de sa voix douce, encore plus douce que d'habitude.

– Ce que j'en pense ? Mais que du bien, Christine. Que du bien. Lance-toi ! Tu es faite pour être mère. Accorde-toi cet honneur. Accorde-toi ce bonheur. Fais-toi confiance.

Je discute encore, je réfléchis à nouveau, je tergiverse de plus belle. J'anime aussi de longs débats avec ma conscience et mon horloge interne. Je m'efforce de respecter la liberté et l'expression, et d'analyser la situation avec rigueur et objectivité. Je modère, si vous voulez. Pourtant, aucune médiation n'est nécessaire. Ma conscience, mon horloge et moi sommes sur la même longueur d'onde : Christine doit transmettre et avoir un enfant. *Qu'est-ce que ça te coûte, Christine ? Avec tout ce que tu as fait de ta vie, que vas-tu transmettre ? À qui ? Oui, tu donnes et tu reçois grâce aux enfants de l'association, mais, et toi ? Quelles faveurs t'accordes-tu à toi-même ?*

« Pourquoi tu as peur d'être belle ? » Cette phrase de Karine Le Marchand.

Je me range donc à la cause de ma conscience, qui se confond finalement avec mon désir : il serait peut-être temps pour moi de cesser de ne penser qu'à mon travail et transmettre. Tout mon être intérieur exulte de ma résolution.

Je change d'avis.

Un enfant, moi ? Jamais de la vie. Et puis, je veux de nouveau. Et puis, je ne veux plus. Ma versatilité me désespère, autant que les prétextes que j'invente.

Pourtant, c'est vrai, rien ne me semble plus terrible que les yeux brillants d'un enfant dont tous les besoins ne sont pas satisfaits.

Pas de toit où l'abriter.

J'en ai un.

Rien à donner à manger à cet être que l'on aime et qui n'a rien demandé.

J'ai de quoi nourrir une tribu.

Mais l'enfant qu'on fait venir au monde n'a pas demandé à être là. En même temps, il n'est pas en état de le faire. La moindre des garanties qu'on puisse lui offrir est un confort matériel minimal.

J'ai, je pense, un minimum.

Ce qu'on lui doit aussi, c'est des parents en bonne santé, mentale et physique.

Le suis-je ? On dirait. Les mots de la femme à l'église, rédigés sur ce petit bout de papier qui a bien jauni, me reviennent en mémoire.

« Tu sais que tu es une belle jeune fille ?
Prends soin de toi. »

Jeune, je ne le suis plus tout à fait. Mais je commence à prendre la mesure de son conseil. Prendre soin de soi, ce n'est jamais que se donner la force de prendre soin des autres. De ceux qui ont besoin de vous, qui vous aiment et qu'on aime. Les enfants de K d'urgences que je chéris. On a envie de sauver les enfants du monde entier, de sauver la société, alors qu'en réalité le meilleur conseil est peut-être d'abord de bien élever le sien. Cet enfant qui est le vôtre. Ça, c'est ma responsabilité. Je pèse le pour et le contre mais, petit à petit, un prénom se dessine. Un prénom revient à plusieurs reprises, celui de Léa. Un prénom de la Bible. Je suis encore loin de me décider réellement, mais le prénom s'impose. Léa : « Lionne de la sagesse ».

À quarante-trois ans, je me sens plutôt en forme. Pourtant, je mange mal, je ne fais pas de sport et je dédaigne mon corps. Maltraitance ? Je n'en ressens encore aucun effet. Peut-être un jour. Mais si je suis mère à ce moment-là, à un moment où mon corps me fera défaut, comment pourrai-je remplir mon devoir maternel ?

La vie est imprévisible. Un cancer peut nous emporter demain. Je vois si souvent, dans mon association, des mères seules qui luttent contre un cancer du sein, du poumon ou de l'utérus. Des femmes qui n'ont finalement pas d'autre choix que de confier leur enfant à une grand-mère, parce qu'elles doivent se soigner et vont peut-être mourir. Et, parfois, elles n'ont personne.

Mesdames, si vous le pouvez, ne ratez jamais un dépistage.

D'accord. Et moi ? Est-ce que je m'applique ce principe ?

Mesdames, ne manquez pas un rendez-vous chez votre gynécologue et consultez régulièrement un médecin traitant.

Et moi ?

Mesdames, nous devons être en forme pour ces enfants qui n'ont demandé ni à naître ni à devenir orphelins.

Et moi ?

« Prends soin de toi. »

En portant la mort dans mon ventre ?

Ou en recevant la vie ?

Un an plus tard, Léa naît les yeux clos. Pas un bruit. Ses paupières sont scellées. C'est vous dire ma panique. Une fraction de millième de seconde, je me dis : *Elle ne respire pas, elle aussi, je l'ai perdue.* Mais l'histoire ne se répète pas toujours. S'agissant de Léa, elle a juste pris son temps. Avant d'ouvrir les yeux sur le monde, elle a bien réfléchi, ma Léa. Les plus beaux yeux du monde, vous imaginez bien. Jamais je n'oublierai ce souffle de vie qui entre dans ses poumons. Cette respiration qui vient d'ailleurs. Ce bruit qui entre dans son corps et qui l'anime. Comment le décrire ? C'est le moment le plus fort de toute mon existence. Entendre le souffle de vie.

Vingt-quatre heures après sa naissance, la sage-femme Mareva m'engueule parce que je l'ai laissée dormir huit heures. Je suis restée à l'admirer au lieu de la réveiller.

– Ah, mais non, non, non ! Il faut réveiller l'enfant pour le nourrir ! Il doit être en hypoglycémie maintenant.

Branle-bas de combat, on vérifie ses constantes vitales. Tout va bien. Intérieurement, je me rengorge de fierté : *Elle sera une bonne dormeuse.* On verra.

En tout cas, me voilà mère.

Ce souffle de vie. Cette vie. Je pensais que je n'aurais jamais droit à un enfant en vie.

Léa est le fruit d'un choix réfléchi. La naissance de ma fille, en cette année 2014, me réconcilie avec la maternité à un point que je n'aurais jamais imaginé. Plus encore, cet heureux événement m'engage sur un chemin de paix, un chemin large, long et magnifique. Mais également un chemin vers moi-même.

Désormais responsable d'une vie, serai-je suffisamment forte pour lui transmettre des valeurs solides ? Quel exemple vais-je lui donner ? Suis-je exemplaire et assez équilibrée pour jouer ce rôle de mère, c'est-à-dire servir de modèle ?

Mon accomplissement professionnel a sans doute contribué à mon équilibre mental, mon aisance matérielle et une certaine confiance en moi, des qualités indispensables à l'exercice de la maternité. Léa est arrivée à point nommé, au moment le plus parfait. Il n'était plus temps d'attendre. L'aurais-je fait que je me serais réveillée un jour à soixante ans et je me serais dit : *Merde, je suis passée à côté de quelque chose.* Certaines de mes amies, cinquantenaires ou soixantenaires, portent en elles ce regret, celui d'avoir oublié la maternité et le temps qui passe chaque année de plus en plus en vite. Je sais gré à mes petites voix intérieures de me l'avoir rappelé à temps. Me voilà mère, cette maternité est un cadeau, le plus beau que j'aie jamais reçu de toute ma vie. Surtout après avoir perdu mes jumeaux. Je respecte la vie. Je respecte ce cadeau de vie. Je respecte ce souffle que je n'oublierai plus jamais de ma vie.

Cette nouvelle étape est aussi la source inépuisable de questionnements sur la transmission. Que vais-je transmettre à cette enfant tant désirée, que vais-je lui donner, lui apprendre, et dans quelles conditions ? L'arrivée de Léa est un bouleversement qui m'oblige à me remettre en question.

Le chamboulement est d'autant plus grand que je n'ai rien préparé de concret avant sa venue au monde. Par superstition, je n'ai acheté ni berceau, ni tétine, ni bavoirs. Hormis un petit body en coton, je n'ai composé aucun trousseau de naissance et je n'ai pas non plus aménagé de chambre d'enfant. Pour les jumeaux, ces préparatifs ne m'avaient pas porté chance. Leur perte, j'imagine, en a été encore plus insurmontable. Je dis « j'imagine » parce que je ne me suis pas vue souffrir. Il m'a fallu des années pour regarder ma souffrance en face, celle du cœur et celle du corps. Des années aussi pour affronter le deuil.

Et voilà Léa. Léa qui métamorphose ma vie, Léa le cœur palpitant de mon existence.

Profitant de mon congé maternité, je décore sa chambre, j'en peins les murs et je dévalise les boutiques d'où je rapporte tout ce qu'il faut : pyjamas, brassières en laine ou en coton, bonnets, même en été – car, vous savez, les bébés perdent la chaleur par la tête –, chaussettes, chaussons et l'indispensable turbulette, *alias* gigoteuse, à l'intérieur de laquelle bébé dort en sécurité. Ne pas oublier le transat de bain, le thermomètre pour en vérifier la température, le sérum physiologique pour les soins des yeux et du nez, ah, et puis, évidemment, la poussette de compétition, le siège auto, la table et le sac à langer… et tant d'accessoires indispensables dont je ne vous établirai pas toute la liste. Je ne fais rien à moitié. Je viens de m'engager dans le chemin de la maternité, de la responsabilité, et rien ne m'échappe dans ce dossier. Jour après jour. Semaine après semaine. Je suis en première ligne de l'information. Comment évolue son cerveau, ses cheveux, ses cils, ses dents, son alimentation. Je suis incollable. Je vis chaque seconde avec elle. Je ne travaille pas, et mon travail, c'est elle. Ma mission, c'est elle.

J'ai tous les livres pour affronter la vie de mère. *J'élève un enfant* de Florence Pernoud[1]. Ma propre mère en avait elle aussi fait son livre de chevet après la naissance de Gladys.

Parée pour gérer, je gère.

Mais, bonne dormeuse, Léa ?

Tu parles.

Elle se réveille toutes les deux à trois heures.

J'aimerais suivre les conseils de Laurence Pernoud, qui recommande de dormir quand l'enfant dort. Compliqué. Au bout de quatre

1. Horay, 2015.

nuits, je suis un zombie qui ne dort ni le jour ni la nuit. Debout toutes les deux heures… Mais je m'adapte et mon bonheur ne se dément pas. Ainsi, j'apprends à boire du café pour tenir, mais aussi à nous balader dans les bois, Léa et moi. Nous allons partout avec la poussette. Multifonction, elle se transforme en siège auto, mais attention à l'airbag quand vous l'installez sur le siège passager.

Tout entière, je me dédie à l'apprentissage de la maternité, je suis concentrée, aux aguets. Les premiers jours, les premières semaines me demandent une incroyable énergie, comparable à celle que je déployais auparavant dans mon métier. Quoique je ne sois pas très en forme – mes quarante-cinq ans se font sentir –, je trouve en moi des ressources insoupçonnables.

Mon quotidien se calque sur celui de Léa, il est millimétré. Nos horloges internes se synchronisent. Être mère est un boulot à plein temps, de jour comme de nuit. On se lève, on biberonne, bébé rote, bébé gazouille, bébé régurgite sur le bavoir que maman a pris la précaution de poser sur son épaule, bébé remplit sa couche, gazouille encore, batifole dans le bain sans en mesurer les dangers, mais maman est là qui surveille, bébé pleure, mais pourquoi bébé pleure ? Maman lance une lessive et elle nous met d'affreuses gouttes dans les yeux et le nez, et… bonjour madame la pédiatre !

Chaque jour et chaque nuit, je vérifie bien que son souffle de vie est encore là.

***

À travers Léa, je découvre, je reconnais la fragilité. La fragilité de bébé qui n'a que vous, qui vous regarde, qui devine ce que vous exprimez mais qui ne peut pas exprimer sa douleur, sa souffrance, ses interrogations. Léa ne tombe jamais vraiment malade, mais il suffit que son front soit un peu chaud, que le thermomètre décèle une fièvre pour que je me sente désarmée. Comment ça, je ne peux pas t'aider ? Je dois trouver une solution pour que tu ne souffres pas. La savoir souffrante et ne pas comprendre pourquoi me fait pleurer à chaudes larmes. Quand Léa est malade, je passe des nuits blanches auprès d'elle à chercher le moyen de faire baisser sa fièvre et, toute larmoyante, je me dis : *Ma foi, je ne sais pas à quoi va ressembler le reste de la semaine, ça risque d'être compliqué, mais je suis là, avec toi, pas à pas, maman ne te lâchera pas.* Chaque souffle, je suis là. Chaque pleur, je suis là. Chaque pas, je suis là. Chaque interrogation, je suis là. Je m'oublie, j'oublie mon corps et ses besoins, seule compte Léa.

À ces rares exceptions près où une maladie infantile nous tient éveillées toute la nuit, Léa fait ses nuits très rapidement. Une ombre pourtant assombrit ce beau tableau, que je ne veux pas dramatiser, mais tout de même. Comme si chacune de ses fragilités me ramenait aux miennes. Comme si Léa était venue au monde pour souligner mes failles, ces fissures de la vie que je n'ai pas soignées. Ces ruptures, ces vulnérabilités que je pensais étouffer. Petit à petit, Léa venait y mettre les pieds. Elle venait réveiller des moments que j'avais tenté d'effacer de mon corps, de ma tête. L'énergie que je mettais à répondre à chacun de ses besoins était une force maternelle puissante, mais pleine de réminiscences. Je le comprendrai bien plus tard.

Depuis ses premiers jours, Léa ne dort que d'un côté. Sa tête est toujours posée côté gauche sur son matelas. Craignant une conséquence fâcheuse, que sa tête soit aplatie de ce côté, par exemple, je la retourne de temps en temps. Mais aussitôt, Léa retourne à sa position initiale. Je m'interroge, j'angoisse : que se passe-t-il, Léa souffre-t-elle ? Les jours passent et toujours le même scénario, elle ne dort que du même côté. Nuit et jour.

Un premier pédiatre cherche à me rassurer :

– Mais non, voyons, une tête d'enfant ne se déforme pas juste parce qu'elle est toujours posée du même côté.

Par ailleurs, il ne voit pas pourquoi Léa souffrirait. Sans quoi, elle le manifesterait. Peut-être. Pour autant, je me méfie des douleurs silencieuses. Parfois, la souffrance se tait.

Trois semaines plus tard, la tête de Léa n'ayant toujours pas quitté cette position, je finis par aller voir un ostéopathe, praticien manuel réputé, dont un ami me donne l'adresse, merci !

– Il est tellement bien, me confie cet ami, qu'il s'occupe même des animaux.

Au départ, cette réflexion m'intrigue, je dirais même qu'elle m'inquiète, car je ne me vois pas confier mon enfant à un vétérinaire, même doublé d'un ostéopathe. C'est en me rendant chez ce thérapeute que je découvre ce que voulait dire mon ami. En fait, il est si doué de ses mains qu'elles devinent d'où vient le mal et guérissent sans parole ni explication. À peine ai-je franchi le pas de sa porte que Dominique Pianel prend Léa dans ses bras. Bredouillante, je lui dis :

– Écoutez, bonjour, je viens parce que…

Ma fille dans ses bras, Dominique n'a d'yeux que pour elle et m'écoute à peine lui décrire les symptômes. On dirait qu'il les devine par l'imposition de ses mains sur Léa, à qui il parle d'une voix veloutée :

– Petite Léa, tu as choisi la meilleure des mamans.

Je fonds en larmes. Une vraie madeleine. La douceur des gestes de l'ostéopathe à l'égard de ma fille me bouleverse, tout comme la confiance qu'il semble lui inspirer. C'est fou ce que j'ai de larmes à verser depuis la naissance de Léa. Je ne saurais dire depuis quand elles s'accumulent en moi, mais le réservoir était plein. Il se vide. Je ressens beaucoup d'émotions. Mon impuissance, bien sûr, ou mon incompréhension face à la posture de Léa que je n'ai pas su soulager. Mais aussi, par ses mots, Dominique vient en quelque sorte de me féliciter de prendre soin de ma fille.

Car, oui, je prends soin d'elle. Mais est-ce que je prends soin de moi ? En attendant, l'ostéopathe manipule le corps et la tête de Léa, ses gestes semblent reproduire l'expérience de sa naissance.

Qu'est-ce qu'il fait avec mon bébé ?

Intriguée, je décide de lui faire confiance, je le regarde agir, diriger le petit corps de Léa, étirer ses membres, son buste, son cou avec des mouvements tendres, précis et lents. Comme s'il l'accouchait une deuxième fois, parce que quelque chose, un faux mouvement, serait survenu au cours de sa naissance, qui aurait conditionné sa façon de dormir.

C'est dire tout ce qui se joue dès la naissance. Et bien sûr même avant.

Dans le désir qu'on a de vous voir naître, dans l'attention qu'on vous porte.

Au bout de quelques minutes, Dominique déclare avec un sourire :

– C'est bon. Ne vous inquiétez pas. Elle va bien dormir, maintenant.

Je le remercie et repars avec Léa. Dès l'instant où je la mets dans sa poussette, elle s'endort.

Le soir même, je trimballe Léa chez ma sœur pas loin de Paris, où se trouvent aussi mes parents. J'emporte son petit berceau, lit de voyage qui se monte avec quatre tiges métalliques. Nous arrivons sur place en toute fin d'après-midi, Léa prend son repas, j'assemble son lit et je l'y couche quelque temps plus tard, avant de rejoindre la famille pour dîner. À un moment, je vais voir Léa pour m'assurer qu'elle dort, que tout va bien. Or, pour la première fois depuis trente jours, soit la première fois depuis trente nuits et cent quatre-vingts siestes, la tête de Léa est tournée côté droit. Trente jours à lui tourner la tête, à ajuster son oreiller, lui retourner la tête… j'aurais consulté un pédiatre, mon médecin généraliste, des amis, sans solutions, et là… grâce aux mains de Dominique…

J'ai du mal à y croire. Vraiment, elle dort du côté droit ? Je me frotte les yeux et regarde de nouveau. Incroyable, sa tête s'est retournée toute seule, *pour de vrai* ! C'est plus grandiose qu'un miracle à Lourdes. J'appelle toute ma famille.

Un très grand moment. Cet ostéopathe nous a sauvé la vie.

***

Les soins que j'apporte à Léa portent leurs fruits, non seulement elle fait ses nuits, mais sa santé est excellente, c'est un bébé-sourire. Jamais de problèmes de digestion ou de pleurs avec les dents qui poussent. Bien entendu, il lui arrive de pleurer. Mais elle pleure parce qu'elle a faim ou qu'elle a sommeil, bref, elle pleure parce qu'elle est un bébé qui voudrait parler.

Tout est pour le mieux, donc, jusqu'à ce qu'elle attrape une bronchiolite. Vu de l'extérieur, ça n'a l'air de rien, on se dit que ça n'est qu'une inflammation des bronchioles, c'est-à-dire des petites bronches. On serait tenté de penser, *a priori*, et pour se rassurer, que ce ne devrait pas être grand-chose, d'autant que ça commence comme un simple rhume. Le nez coule, la toux est légère. Mais soudain, bébé a du mal à respirer. Son thorax se creuse quand elle cherche son oxygène, sa respiration est sifflante, elle s'épuise et se nourrit difficilement.

J'en pleure. Je ne veux pas qu'elle souffre. Je deviens dingue. Je ne pense plus qu'à ça.

Par la pédiatre, j'apprends qu'il s'agit d'un virus respiratoire. La doctoresse prescrit de la Ventoline, inhalateur qui a pour effet de dilater les bronches et de faciliter le passage de l'air. Je proteste :

– Ça m'embêterait de donner de la Ventoline à un tout petit bébé.

À ma connaissance, la Ventoline est prescrite aux asthmatiques, alors je ne comprends pas. Dans la famille, mon petit frère a été asthmatique, mon grand-père maternel également, et il s'est d'ailleurs éteint lors d'une crise d'asthme. Léa a peut-être une bronchiolite, mais elle n'est pas asthmatique que je sache ! Je vais consulter un autre spécialiste, mais il me confirme la nécessité qu'il y a à donner de la Ventoline à Léa. Pédagogue, il me liste les différentes indications du salbutamol, son ingrédient principal : traitement des crises d'asthme, en effet. Prévention de l'asthme de l'effort, absolument. Soulagement des symptômes allergiques sévères. Mais aussi, chère madame, aide à la respiration dans certaines bronchiolites sévères chez le nourrisson.

Sévère ? Comment ça, sévère ? Comment ma fille pourrait-elle être atteinte d'une pathologie sévère alors que je prends si grand soin d'elle ? Alors que je l'aime tant ? Mon amour ne devrait-il pas suffire à la protéger de tout ?

Vraisemblablement pas.

– Vous savez, madame Kelly, c'est une procédure courante, maintenant, d'administrer de la Ventoline aux nourrissons de moins de six mois. Sans quoi, le risque de développer un asthme est multiplié. Pour ne pas dire quasi certain.

Entendu, merci, docteur. Mon bébé sous le bras, je file à la pharmacie, achète mon inhalateur, le matériel nécessaire et, aussitôt rentrée à la maison, je prépare mon pschitt de Ventoline. Vous imaginez bien, un bébé ne peut pas utiliser un inhalateur tout seul. Il ne sait pas non plus coordonner sa respiration avec la pulvérisation d'un aérosol. Il peut avoir un réflexe de rejet, pleurer, bouger. Sans compter le bruit de l'inhalateur, potentiellement effrayant. Voilà tout ce que je vais devoir affronter.

J'installe Léa dans une position confortable, semi-assise sur mes genoux, tout en lui parlant doucement.

– Oh ! mais maman te prépare un bon médicament !

Elle chouine un peu, mais ne pleure pas. Ça, c'est ma Léa. Ma Léa est courageuse ! J'agite l'aérosol cinq secondes, comme indiqué dans le mode d'emploi. Léa se met à pleurer. Inconsolable. Je m'efforce de lui expliquer tendrement ce qu'elle ne peut pas comprendre.

J'attends un long moment qu'elle se calme, puis je recommence la procédure en douceur. J'installe Léa sur mes genoux, dans une position propice, la plus confortable possible. Je mets le masque adapté sur son visage, qui exprime un grand étonnement. Alors je prends un ton enjoué pour expliquer à Léa combien c'est rigolo, cette chambre d'inhalation. C'est exprès pour les bébés. Pour elle seulement ! Quelle chance ! Je sens ma fille perplexe, ne sachant si elle doit sourire ou pleurer. Mais enfin, puisque je souris et que je parais calme, elle se résout à entrer dans le jeu.

Je pulvérise.

Apparemment détendue – pourvu que ça dure ! –, Léa enchaîne cinq respirations sans me quitter des yeux.

Je recommence. Elle pleure, se débat un peu.

Je recommence. Ça va mieux.

Je recommence. De mieux en mieux.

À mesure que Léa respire, ses yeux s'emplissent de gratitude à mon égard, car elle se sent mieux.

« Merci maman de prendre soin de moi. »

Une fois encore, l'expression « prendre soin » revêt tout son sens. D'autant qu'en prenant soin de Léa c'est moi aussi que je soigne. Le souffle dont manquait Léa rejaillissait sur ma propre respiration. Son mal de bronches me coupait le souffle. J'avais l'impression qu'elle étouffait. C'était insupportable. Irrespirable. C'est vous dire comme j'inspire profondément quand je sens les bronches de ma fille se dégager. Et comme je soupire de soulagement quand l'air s'échappe agréablement de ses petits poumons.

Je reprends le travail en octobre. Léa aura six mois à la fin de mon mandat. Pour fêter ça, je l'emmènerai au CSA. On célébrera l'événement avec tout le monde !

Cette fragilité, la fragilité du bébé, à laquelle je fais face, je me rends compte aussi qu'elle fut la mienne et qu'elle est la condition originelle de tout être humain. Physique mais aussi psychologique, cette fragilité a ceci de vertigineux que, si l'on n'y prête garde, elle peut vous poursuivre et vous handicaper dans l'enfance et tout au long de la vie. Ce sont les soins, l'éducation et l'amour prodigués qui délivrent de cette fragilité, car ils accompagnent vers le chemin de l'autonomie et de l'émancipation. Également celui de l'estime de soi. Je me demande parfois où j'en étais de cette fragilité et de cette estime de moi-même quand j'avais douze ans.

Où en suis-je aujourd'hui ?

Visiblement, le cheminement vers la liberté individuelle, le respect de soi et l'amour des autres est un processus complexe, continu. Il dure probablement toute la vie.

Maintenant que je suis mère, une mère déterminée à faire de Léa un être véritablement libre, où en suis-je moi-même de cette quête ?

« Pourquoi tu as peur d'être belle ? »

« Tu sais que tu es une belle jeune fille ?
Prends soin de toi. »

Je ne suis pas sûre de savoir répondre à la question que Karine me posait il y a plus de dix ans.

Pas sûre non plus de bien mesurer les propos écrits par la dame de l'église il y a trente ans.

Pas sûre de m'aimer comme je le devrais pour accompagner Léa au mieux.

Pas sûre d'être en harmonie avec mon enveloppe corporelle, que je néglige, alors que je prends soin de Léa.

Léa est belle. Je ferai en sorte qu'elle n'ait jamais peur de l'être.

Et qu'elle prenne soin d'elle.

Qu'elle s'aime et se respecte.

La maternité en moi est puissante.

Ce sont des prises de conscience, des remises en question et des apprentissages constants. Ils impliquent de se libérer de toutes sortes de conditionnements, de peurs, d'attentes extérieures et parfois de ses propres limites. J'ai cette volonté d'évolution perpétuelle.

Mais où en suis-je réellement ?

En tout état de cause, je suis une maman-lion. Je ferai n'importe quoi pour défendre et protéger Léa. C'est instinctif. L'eau du bain a intérêt à être à la bonne température elle aussi. Je surveille, je trempe le thermomètre, oulala, un demi-degré de trop, j'ajoute l'eau froide nécessaire, 37° pile, parfait.

Au bain !

***

Libérée de mon engagement au CSA, j'ai trois ans devant moi, trois ans pour Léa avant de reprendre mon métier de journaliste.

Le temps file à toute allure, je planifie des voyages, des visites à la famille au Lamentin en Guadeloupe. Sociabilisation oblige, Léa entrera aussi à la crèche juste avant l'école, mais surtout pas tout de suite, car je lui suis dévouée corps et âme. Tout mon temps lui est consacré et je veux passer le plus de temps possible à la regarder évoluer. Planter une fois pour toutes dans sa vie un lien qui nous unira. Ne pas travailler pendant trois ans et lui être entièrement dévouée. Je veux la voir grandir. Le 28 mars 2015 à 11 h 22, elle dit « maman » pour la première fois. J'ai tellement hurlé de bonheur, puis pleuré. Comme si quelque chose se passait en moi. Le 3 avril 2015, elle s'assied toute seule. Je lui achète des livres, un tas de petits livres que je compte bien changer tous les trois mois pour adapter leurs histoires à son évolution et son développement cognitif. Je ne veux rater aucune étape, susciter tous ses neurones, chatouiller tous ses sens, éveiller toutes ses facultés semaine après semaine. Comme lorsque j'étais enfant avec mon cahier de poésie, j'en ai un spécialement pour Léa avec mes impressions quasiment tous les jours. Ses premiers mots, ses premiers éclats de rire, la première fois qu'elle tient sa cuillère, qu'elle met sa tétine. Comme ce soir de décembre, elle a un an et demi, j'écris :

« Cette année 2015 sera la plus belle de toute ma vie, car j'ai passé 365 jours avec Léa. Je suis absolument conquise. Heureuse. J'aime lui apprendre des mots, les parties de son corps (elle sait tout : les yeux, la bouche, le nez, les oreilles, le ventre, la tête, les cheveux…). Elle s'amuse à répondre aux questions des parties du corps. J'aime être avec elle. Elle s'énerve vite quand elle n'arrive pas à faire un jeu, un puzzle par exemple. Quand un plat ne lui plaît pas, elle balance tout ce qu'il y a sur la table. Elle a commencé à montrer son caractère depuis six mois environ. Il est bien trempé. Je l'aime. Merci Seigneur pour ce grand bonheur que je vis. Il fallait attendre tant d'années pour commencer à vivre… »

Léa n'est pas pressée de grandir. Ses dents prennent leur temps, pas la moindre quenotte avant ses dix mois, quand il n'en faut que quatre chez certains bébés.

Écoutez, chacun son rythme.

Cette première dent est une fête !

On n'a pas tous les jours une première dent, n'est-ce pas ? Ce n'est pas non plus tous les jours qu'on se met debout pour la première fois.

Léa n'est pas une « rampeuse », elle ne fait pas partie de ces petits qui se déplacent à coups d'ondulations ventrales ou de poussées sur les genoux, voire les fesses. Ils sont très drôles à regarder, d'ailleurs, tant ils sont imaginatifs. Léa, elle, saute cette étape, qui n'est pas obligatoire. Ma fille adopte directement la marche à quatre pattes, bien qu'elle ne la pratique pas très longtemps, en dépit de la grande rapidité avec laquelle elle se déplace dans cette position. Une vraie championne de course. Très vite, elle se redresse sur ses deux jambes, mais en prenant appui sur le mur. Un peu peureuse, et surtout très prudente, elle évolue le long de tous les murs de la maison. Je la laisse faire, pas de pression, on veut toujours que les enfants marchent tôt, moi, je me dis qu'elle a cent ans pour marcher, donc, zen, je m'occupe de l'éveil de ses sens, notamment celui du goût. Le 17 septembre 2015, elle fait ses premiers pas. Trois pas dans sa chambre, tendant les bras vers moi. Ce sourire, cet effort pour me faire plaisir et me montrer qu'elle devenait une grande fille, sous les applaudissements de toute la famille.

Pour Léa, j'achète bio. Jamais je ne l'avais envisagé un seul instant pour moi-même. Pour

Léa, je cuisine toutes les compotes possibles et les purées imaginables. Jamais je n'ai déployé autant d'imagination pour me nourrir. Jamais je n'ai cuisiné pour moi. Comment se fait-il que je n'aie jamais appris à cuisiner pour moi-même ? Une alimentation saine me serait pourtant bénéfique, et ce bénéfice rejaillirait certainement sur Léa. Pourtant, je ne me soucie pas de mon comportement alimentaire, toujours désordonné. Mes proches ne manquent jamais de me le rappeler.

– Mais, Christine, occupe-toi de toi ! Ce que tu fais pour elle, fais-le pour toi !

Eh bien, non. Prendre soin de ma fille me procure un bonheur fou, je me sens utile, j'élève mon enfant, je l'accompagne vers l'âge adulte, je fais en sorte qu'elle y arrive le corps sain et la tête bien faite, je prépare une citoyenne qui exercera ses libertés, ses droits, ses devoirs, envers elle-même, envers les autres. J'essaie.

En quelque sorte, je remplis un contrat moral. Mais ce contrat ne comporte-t-il pas une clause écrite en tout petit au bas de la page et qui dirait :

« Prendre soin de Léa t'engage également à prendre soin de toi » ?

Je ne sais pas. À un moment donné, il me faudra lire les notes de bas de page. Plutôt que me concentrer sur ces « détails », je m'absorbe dans l'évolution de Léa, ma Léa toujours contente, la personne que j'aime le plus au monde. Sans aucun doute. L'amour qu'elle me porte, c'est quelque chose que je n'ai jamais connu. L'amour qu'on voue à ses enfants, c'est difficilement imaginable tant que ça ne vous a pas percuté.

N'ayant pas eu à m'arracher à mon bébé pour reprendre le travail, je suis auprès d'elle matin, midi et soir. Rien ne m'échappe. Les cils qui se renforcent, les cheveux qui poussent, les sourcils épaissis. Je continue de noter tous ces petits miracles sur le carnet de nos émerveillements.

« Aujourd'hui, ce dimanche 23 octobre, Léa s'est endormie sans me demander de tétine ! Il faut dire que, hier, j'ai acheté plusieurs livres qui racontent des histoires pour inciter à arrêter la tétine. Comme *La Tétine de Nina*[1].

1. Christine Naumann-Villemin (auteur), Marianne Barcilon (illustrations), *La Tétine de Nina*, Kaléidoscope, 2019.

Et elle a visiblement adoré l'histoire, car Nina donne la tétine au loup. Incroyable détermination de Léa qui ne m'a plus jamais demandé de tétine, dont elle était complètement addict. Un livre. Une histoire. Une explication. Et elle a abandonné ses tétines. Très grande détermination. Je suis perplexe. Émerveillée. »

Nous parlons beaucoup toutes les deux. À ses gazouillis protestataires, je réponds :

– Écoute, maman te met au lit parce que tu dois dor-mir. Maman vient dans cinq minutes. Ensuite, maman viendra encore dans cinq minutes. Après, maman ne viendra plus, hein ?

– Babababa.

– Je sais bien, Léa. Mais tu dois t'endormir, même si…

– Gagaco ?

Eh bien, figurez-vous que je m'en tiens toujours à ce que je dis ! Je reviens une fois, deux fois, mais jamais trois. Ne pas céder à la tentation, malgré les appels déchirants de l'enfant. À mon avis, cet apprentissage précoce de l'obéissance, de la parole donnée et tenue me rendra service à son adolescence, je l'espère. Et en l'éduquant, est-ce que je ne m'éduque pas moi-même ? Chaque pas avec elle est une découverte de moi-même.

***

La chouchouter et la voir grandir est le cœur de mon existence.

J'aime profondément les moments où j'apprends à l'éduquer. Car, oui, j'apprends en l'éduquant. J'apprends à lui fixer des limites, j'apprends à la faire obéir, à ne pas me fâcher ou à faire semblant de me fâcher.

Évidemment que j'ai envie de lui donner des gâteaux, parce que moi-même je les adore. Mais, pas touche. Si je néglige toujours mon alimentation, je fais très attention à ce qu'elle mange. Son premier morceau de pain ? Pas encore. J'en mange assez pour savoir comme ce n'est pas urgent d'y succomber à son âge.

Prendre soin d'elle. Votre enfant est le miroir qui vous renvoie plusieurs reflets de vous-même.

« Tu sais que tu es une belle jeune fille ? Prends soin de toi. »

Pas le temps. Pas envie. Tout pour ma fille.

J'en oublie même mon contrôle annuel chez le gynécologue. Quand, enfin, et tout à fait par hasard, je m'en souviens, elle m'engueule le jour où je vais la voir :

– Mais... attendez ! Ça fait combien de temps que vous n'êtes pas venue en consultation ?

– Ben... j'en sais rien ?

– Deux ans ! Ne faites pas ça, Christine ! Quand on a un enfant, il ne faut jamais s'oublier, vous comprenez ? Jamais.

– Je m'oublie ?

– Écoutez, apparemment, oui ! Est-ce que vous prêtez attention à ce que *vous*, vous ressentez, à ce que *vous*, vous pensez ?

– Je ne sais pas. Enfin, je sais juste que je suis complètement branchée sur Léa, pour lui épargner de souffrir et, voilà, quoi. Mais, ce que je ressens, moi ? Je ne sais même pas.

En dehors de l'amour, s'entend.

Avoir une petite fille pour laquelle on ressent un amour si fort que l'on tremble à l'idée qu'elle tombe dans la piscine pendant les vacances, qu'elle se blesse au tranchant d'un bout de ferraille rouillée chez mamie en Guadeloupe où, en plus, tant de cailloux pourraient blesser ses petits pieds, mais je m'oublie.

De plus en plus épuisée à lui courir après, à la protéger, à cause de mon hygiène de vie déplorable, j'ai du mal à la suivre.

Comment vais-je la protéger si je ne suis pas capable de lui courir derrière ?

POURQUOI MOI ?

Mon père me disait souvent :

– L'apparence de faiblesse peut cacher une grande force. Laisse-les te sous-estimer. Sois imprévisible. Ne cherche pas à impressionner. Les hommes puissants ne se vantent pas, ils agissent. Accepter le confort dans l'inconfort. Savoir reculer n'est pas une faiblesse, c'est une stratégie. Reviens plus forte.

Mon père me donnait toujours des leçons de vie lors de nos parties de dames, dont il raffolait. À l'époque, il aime la stratégie. Il aime la victoire. Mais n'est jamais pressé. « La patience est une arme redoutable », ajoute-t-il.

Il redoublait de conseils alors que mon mandat au CSA était terminé et que je devais me projeter dans l'avenir.

– Le chaos n'est pas une menace, Christine, c'est une opportunité. Regarde, les plus grands conquérants ont émergé en période de crise. Soit tu maîtrises la tempête, soit tu es emportée par elle. Le meilleur combat est celui que tu gagnes sans avoir à le livrer. Le gagnant est une machine de guerre mentale. Il travaille sans relâche. Il s'impose une discipline de fer. Quand tu es puissant, sois discret. Quand tu es faible, fais semblant d'être fort. Reste toujours humble. L'humilité précède la gloire, l'orgueil précède la ruine. Christine, fixe tes objectifs et ne laisse rien ni personne te faire dévier de ta trajectoire de vie. Ose aller là où personne ne va. Ceux qui réussissent ne respectent pas les règles. Ils les réécrivent. L'homme qui maîtrise ses émotions est un homme que personne ne peut détruire. Le véritable pouvoir n'est pas dans les mots, mais dans le contrôle. Le contrôle sur soi-même…

Trois ans de jeûne médiatique imposé, trois ans à élever ma fille à temps complet et à réfléchir à mon avenir professionnel, à penser aux phrases de mon père. Je reprends la télévision petit à petit, sur LCI, LCP, là où on m'appelle pour commenter l'actualité suite à ma biographie sur François Fillon, écrite dix ans plus tôt. Elle était au cœur de la vie politique avec cet ancien Premier ministre aux portes de l'Élysée. Mes interventions se poursuivent sur CNews et surtout dans la bande de Cyril Hanouna, *Touche pas à mon poste*, encore diffusée sur C8. J'y présente des chroniques régulières, mais je n'ai pas particulièrement l'intention de retourner définitivement dans le poste. Léa m'arrache à tout objectif de carrière et ma diète audiovisuelle m'a fait le plus grand bien. On dit aussi que le jeûne est bénéfique à la santé physique, surtout quand, comme moi, on se sent un peu fatigué : bientôt la cinquantaine, boulot et maternité, c'est beaucoup pour le corps. Mais j'aime trop manger pour m'astreindre à quelque discipline que ce soit.

La véritable maîtrise réside à mon sens dans celle de l'esprit. La philosophie stoïcienne me renforce dans cette conviction, la tranquillité intérieure prime sur les aspects disons physiques de la vie. Et puis, un esprit tranquille ne contribue-t-il pas au bien-être physique ? Dure à la douleur depuis toute petite, je suis tout aussi dure au stress. Mais laissez-moi manger mes madeleines. Ça me détend.

Puisqu'on se dit tout, sachez-le : quand je rentre chez moi le soir, j'achète souvent des madeleines pour Léa. Pour son goûter. Mais, étrangement, c'est toujours moi qui les dévore. C'est étonnant, là aussi, chaque fois que je lui prépare son goûter pour l'école, je recule devant les madeleines. Non, pas assez sain pour Léa.

Trois paquets de madeleines engloutis. À côté, le paquet de vingt-quatre BN de mon enfance ne fait pas le poids. Léa, elle, ne mange donc jamais ces madeleines. Je me retrouve immanquablement à les finir chaque soir, sans y prêter attention.

« Pas fait exprès… », vous dirait la Christine de douze ou quatorze ans, vous vous souvenez, celle qui ne remarque jamais rien ?

Parfois, c'est vrai, ma conscience me demande :

– *Mais pourquoi c'est toi qui manges tout ça ?*

– *Ben, parce que c'est bon !*

– *Ce n'était pas pour Léa au départ ?*

– *Si, mais ce n'est pas bon pour elle.*

– *D'accord. Et pour toi, ça l'est ?*

– *J'adore.*

Je reste sans voix, mais la bouche pleine de madeleines, des madeleines aux pépites de chocolat. En effet, la préparation des repas de Léa mobilise toute mon attention. Tout mon amour aussi. Elle me le rend au centuple.

– Je t'aime, je t'aime, maman, je t'aime, je t'aime…

Ses déclarations d'amour peuvent durer quinze minutes.

L'amour que Léa me témoigne est exceptionnel. Apparemment, je suis la meilleure maman du monde…

S'agissant de sa santé, je fais toujours très attention, lui assure des repas équilibrés et savoureux, veille à la qualité des ingrédients, à son bien-être et son plaisir gustatif. Conséquemment, les trois paquets de madeleines que j'achète si souvent pour elle ne sauraient s'intégrer à son alimentation quasi millimétrée. Je me dis : *Non, pas ça pour elle, elle, je vais lui donner des fruits.* Résultat, Léa déguste ses fruits accompagnés d'autres aliments excellents pour sa santé, sa croissance, ses neurones, toutes les cellules qui la constituent.

Et j'enfourne des madeleines. Le soir, en rentrant des émissions, je les engloutis lentement mais sûrement. Pire, j'en rachète, en me disant que c'est pour Léa. Mais je n'arrive pas à lui mettre des madeleines dans le corps ; dans le mien, oui.

Les madeleines, c'est toujours pour moi. Ma conscience me rappelle à l'ordre de temps à autre :

– Est-ce que tu te rends compte que, sans réfléchir, tu te complais dans le confort de la malbouffe qui prévalait pendant ton enfance ?

Impassible, je hausse les épaules et me défausse :

– Ouais, Philippe, mon frère, aussi, hein.

– Ouais, et tu n'as pas l'impression que, à cinquante ans, ces mauvaises habitudes alimentaires commencent à peser un peu sur ton organisme ?

– Non. Pourquoi ?

– Tu ne voudrais pas être en pleine forme pour ta fille ?

– Mais je suis en pleine forme !

– Ouais, ouais, ouais, on ne me la fait pas à moi, Christine.

Ma conscience n'a pas tort, ma désinvolture alimentaire s'est installée depuis de nombreuses années et je n'ai jamais cherché à m'en détacher. Il ne s'agit pas d'un choix qui serait occasionnel. C'est une routine bien ancrée et confortable que je n'ai jamais remise en question. J'ai toujours eu, je pense, ce rapport bizarre à la nourriture. Elle m'a tellement réconfortée quand je manquais d'amis. J'accepte cette relation toxique aux aliments. Malgré les alertes que me lance ma conscience, je ne trouve toujours aucune raison valable de l'écouter. Je suis un peu enrobée ? Et alors ? Je m'aime comme ça. Je mange n'importe quoi ? C'est un non-sujet.

Mon estomac est costaud, vous savez, et mon corps me suit, il m'obéit au doigt et à l'œil. Mon corps est rodé aux madeleines, totalement réceptif à leur douceur et leur effet réconfortant. Comment ne pas évoquer aussi la saveur des pizzas ? Je les mange comme les madeleines, par série de trois.

La légère note fumée de leur croûte.

La richesse des fromages dont elles sont ornées.

Les arômes herbacés, acidulés ou terreux de leurs garnitures.

Pour tout vous dire, pas plus tard qu'hier j'ai englouti une énorme pizza. Toute seule. Je me suis dit que je me contenterais d'une salade le lendemain. Pas sûre de respecter cette bonne résolution.

Une autre madeleine, Christine ?
Oui. Bien volontiers.

***

En 2019, le directeur général des antennes et des programmes du groupe Canal+, Gérald Brice Viret, et le directeur général de CNews, Serge Nedjar, me proposent une nouvelle émission, *Face à l'info*. Elle sera diffusée sur CNews et inclura la participation d'Éric Zemmour au casting. Cet homme présenté partout comme le grand « Satan » débarque avec un CV long comme le bras et un capital antipathie que personne ne lui envie. Il est une figure si polémique et suscite une telle aversion qu'on me reproche déjà, devinez quoi, ma couleur de peau.

Que voilà un joli paradoxe.

Serais-je blonde que cette collaboration ne poserait aucun problème. Mais, puisque je suis noire, je devrais me soumettre à des interdits ? Serais-je traîtresse à une race qu'on préfère voir macérer dans l'infériorité ?

On me traite de « négresse de maison ». De « facho ». On me reproche de soutenir l'« extrême droite ».

En tout état de cause, personne ne parie un kopeck sur moi. Personne ne croit en l'avenir de cette émission. Pas deux jours d'émission, c'est intenable, j'entends dire autour de moi. Pas une semaine, c'est impossible, elle ne tiendra pas. Mais je suis solide sur mes appuis. Je ne remercierai jamais assez maman de m'avoir inculqué ce principe fondamental : « Ce n'est pas l'apparence qui compte, l'essentiel réside à l'intérieur. » Donc peu importe mon teint basané, être noire, être ronde, être petite, avoir les cheveux tirés, crépus, lisses, bouclés… eh bien, j'avance. Que ça plaise ou non, je fais cette émission, tel le saumon qui, sans complexe, nage à contre-courant.

Je me jette donc à l'eau. On verra bien. Non, je n'ai pas peur de couler.

Pour ma première émission avec Éric Zemmour, il arrive deux minutes avant le direct. Franchement, je ne sais pas dans quoi j'ai mis les pieds et je me doute que Zemmour va mettre les deux siens dans le plat. C'est son habitude, c'est sa liberté. Il prend aussi certains risques, car il ne sait pas quel est mon rôle dans l'histoire. J'en décide seule : je serai l'arbitre et la neutralité.

Étrangement, je sens tout de suite à quel point cette émission est une bifurcation dans ma carrière, dans mon existence. À quel point je vais pouvoir me mettre au service de tout ce en quoi je crois : rigueur, information, liberté, contradiction, neutralité, bienveillance et surtout pluralité.

Malgré l'ambiance électrique, les manifestations d'hostilité aux abords du studio, je trouve assez vite ma place de modératrice et je fais le pari de l'impartialité. Je tente. Mais être noire est déjà être partial pour beaucoup. Peu importe, j'avance. Ces vents contraires font vibrer une petite corde en moi bien enfouie. Comme un mur bien construit qui rappelle qu'il est solide.

Si je n'avais pas été harcelée au collège, aurais-je pu supporter les attaques que suscite d'emblée l'émission ?

C'est une question.

L'épisode du collège, avec mon nom de famille affiché et insulté à l'âge de douze ans aux yeux de tous, m'a peut-être rendue assez forte pour que je me dise : *Allons, bon… J'ai déjà vécu ça. Je connais.* Les articles se multiplient, des histoires à dormir debout me concernant. Des fausses informations dans tous les sens. Tous décrivent une autre Christine Kelly. Personne ne fait l'effort de chercher qui je suis. J'ai déjà l'expérience du décalage entre l'image que d'autres se font de moi et la personne que je suis réellement. Je me rends compte que ce malentendu m'est familier depuis l'âge de douze ans. Combien de personnages fictifs m'a-t-on déjà assignés ? En moi, on voit une autre. Pas tous. Mais toujours le même profil. Ceux qui te regardent mais que tu ne vois pas. Ceux qui veulent te couvrir de honte mais que tu n'as jamais rencontrés et qui ne connaissent rien de toi. Étonnamment, ceux qui te connaissent rient à gorge déployée des portraits en décalage total avec la réalité. Un monde inversé. Oui, ce monde inversé, je connais.

Dans ce brouhaha de critiques me concernant, tellement à l'opposé du réel, dès le troisième jour de diffusion, le patron de CNews, Serge Nedjar, me perçoit telle que je suis. Surprenant. Il déclare à tous dans son bureau : « Regardez, voilà ce que veulent les téléspectateurs, ce que fait Christine Kelly : de la bienveillance. Regardez, ajoute-t-il, les CSP+ (cadres supérieurs) viennent pour la première fois le matin sur CNews, ils en veulent plus. Plus de bienveillance. » CNews et C8 deviennent une nouvelle famille, aux équipes soudées et solidaires. J'en paie le prix social, élevé : ne comprenant pas ces choix liés à ma liberté individuelle, de nombreux amis prennent leurs distances. Me voici redevenue une espèce de pestiférée, d'autant plus infréquentable qu'elle s'exhibe devant des centaines de milliers de téléspectateurs. Ces hommes et ces femmes qui ne me connaissent que par écran interposé voient clair en moi. Jamais ils ne m'enferment dans un sexe, une ethnie supposée ou une sensibilité politique. En tout cas, pas tous.

Abdel me harcèle sur les réseaux sociaux :

« Tes ancêtres étaient des esclaves, jamais tu ne seras acceptée comme française. »

De temps à autre, j'ouvre la bouche et prends la parole que je me suis toujours interdite :

« Cher Abdel,

Mes ancêtres étaient des esclaves du Congo Brazza, des Bretons, des Indiens de Madras, des Arawaks rescapés et des Vietnamiens venus travailler aux Antilles. Je ne demande pas à être acceptée en France : je suis française. »

Mon apparence toujours attaquée. Indéniablement, les harceleurs me renvoient à l'épisode du balcon du collège. Mon apparence que j'ai déjà verrouillée et protégée depuis le collège. Je suis fière d'être descendante d'esclaves, je suis fière d'être noire, personne ne me retirera mon identité, je suis fière d'être française, je suis fière d'être indienne blanche et vietnamienne. Je sais qui je suis.

Sans doute, je viole des conventions établies.

Apparemment, je défie certaines normes.

On me menace même de mort.

Une madeleine, Christine ?

Oui. Volontiers.

***

Paradoxalement, je m'épanouis dans mon travail, j'aime mon travail. C'est un paradoxe, car mon travail, par définition, consiste à interroger les problèmes de la société. Constamment, je nage dans ces sujets, souvent des drames humains, individuels ou collectifs. Ils nous affectent tous. J'ai l'impression d'y être plongée, intégralement et de manière permanente. Sans compter les critiques violentes dont je suis l'objet.

Bref, je suis constamment aux prises avec la souffrance humaine, sa violence aussi, la misère sociale, différentes formes de méchanceté. Je pleure souvent lorsque certaines informations sont difficiles à regarder en face.

Conséquemment, le stress se met à me ronger. Je me bats intérieurement pour faire face, en particulier aux violences dirigées contre moi. C'est beaucoup d'énergie déployée à défendre sa liberté. Je sais qui je suis, mais c'est une guerre. Ma petite voix intérieure demande une trêve :

– *Attends… Là, tu t'es suffisamment battue, Christine. Non ? Est-ce que tu ne ferais pas une pause pour… prendre soin de toi ?*

– *Prendre soin de moi ?*

– *Tu m'as bien entendue, oui.*

– *Mon Moi n'a pas besoin de soin. Tu crois que j'ai le temps pour ça ?*

La petite voix intérieure se fait l'avocate de mon corps fatigué. Mes neurones auraient besoin de manger du vert, de manger de la salade, de faire du sport… Certes, je n'y avais jamais pensé, pas plus que je ne surveille mon hydratation. Pas le temps. Aucune nécessité. Je suis dans l'état d'esprit d'une adolescente qui ne se soucie pas de l'entretien de son corps.

Il marche très bien tout seul. Mais alors, pourquoi ce stress aigu, pourquoi ces manifestations chroniques de ma fatigue ne s'évacuent pas ? Pourquoi ces maux de tête incessants ? Je l'ignore. Je me sens affaiblie, mes facultés de concentration s'érodent, et pourtant, je n'y pense pas, tout comme je ne songe jamais à la maladie, la mort, ou quoi que ce soit qui serait préjudiciable à ma personne. Mais je suis bien obligée de constater que je suis sur les rotules. Je perds mes cheveux.

Vidée, épuisée, je bois du café, beaucoup de café, dont j'ai pris l'habitude pour tenir les nuits blanches de Léa. J'en augmente les quantités. Premier café au réveil, le matin, plusieurs cafés en cours de journée, pour garder l'esprit vif et préparer l'émission du soir. À 18 h 30, après une journée de jonglage avec l'actu, je suis toujours crevée. Bon, allez, je vais reprendre un petit café, sinon je ne vais pas tenir, les amis !

Me voyant faire, mon ami et collègue Marc Menant s'inquiète, comme il le fait si souvent :

– Écoute, Christine, le café… pas terrible. Bois plutôt de l'eau de Quinton !

Cette solution d'eau de mer a une composition minérale très proche du plasma sanguin humain. L'eau de Quinton n'aurait que des bienfaits pour la santé. Elle vous reminéralise. Soit. Mais je ne jure que par le café. Les petits gâteaux aussi. Le grignotage entre mes repas est systématique. Mais je suis loin d'en prendre conscience. En somme, je me shoote aux glucides rapides. Marc Menant, éclatant de santé, me redresse régulièrement les bretelles.

– Cesse de manger entre les repas, Christine ! Et ce chewing-gum… ce n'est pas possible ! Enlève-moi ça de ta bouche, s'il te plaît !

Je ne suis pas indifférente aux interpellations de mon ami. Mais je les ignore avec superbe, d'autant que ce petit mur en moi est bien dressé. Je suis protégée. Aucune critique extérieure ne m'atteint vraiment. Mon apparence ne compte pas. J'ai pris du poids ? J'achète des vêtements avec une taille supérieure. Sport, alimentation, équilibre… Je ne sais pas ce que cela signifie, je suis plus forte que cela, je n'ai pas besoin de ces conseils, mon corps a toujours été fort, ça va aller. Comment en effet pourrais-je arrêter le café, les madeleines et la mastication apaisante d'un chewing-gum sans m'effondrer ?

Quoique je paraisse une cause perdue, Marc Menant ne se laisse pas décourager.

Chevaleresque, il s'efforce toujours de me rallier à son hygiène de vie.

– Grignoter entre les repas épuise ton organisme, Christine. En plus avec du sucre !

Et, sur le ton de la blague, il ajoute :

– Moi, je ne grignote jamais entre les repas, je n'ai jamais fumé, je n'ai jamais touché une goutte d'alcool de ma vie, je veille scrupuleusement à tout ce que je mange.

Marc Menant ne fait pas son âge, on lui donnerait facilement vingt ans de moins. D'ailleurs, il ne dit pas son âge. Il s'est arrêté à quarante-cinq ans. Moi qui pourrais être sa fille, à cinquante et quelques poussières, je commence déjà à ressentir le poids des années. Marc le voit peser lourdement sur toute ma personne. Il ne lâche pas prise :

– Christine, si tu ne soignes pas ce que tu mets dans ton corps, dans ton sang, dans ton ventre, tu ne pourras jamais faire marcher ta tête comme tu voudrais qu'elle marche. Pour matérialiser une idée, une écriture, un mot, pour le verbaliser, il te faut un esprit sain dans un corps sain. Tout passe par ta tête, Christine !

J'en serais bien incapable, ma foi.

Alors, en fin de journée, je me retrouve sur le plateau :

– Jingle, go, tu es à l'antenne !

Seulement j'ai déjà tout donné tout du long de la journée pour les préparatifs de l'émission. Suivre l'actualité m'a déjà pris toute mon énergie. Est-ce qu'il m'en reste encore un peu sous le capot ? Un tout petit peu, oui, enfin peut-être, on verra bien, que Dieu me vienne en aide.

Le direct démarre, souriante et calme, je surgis à l'antenne, pas la moindre trace de fatigue sur mon visage, nulle hésitation dans ma voix. Je donne le change en direct.

L'émission terminée, je prends un verre de rosé en rentrant à la maison. Je dîne en famille, me glisse dans mon lit, lutte contre l'insomnie, m'endors enfin à 2 heures du matin, pour me réveiller de manière intempestive à 5. Mes yeux s'écarquillent dans le noir, le sommeil m'a une nouvelle fois désertée, j'ai l'habitude, pas une nuit sans qu'il me trahisse. C'est reparti. Déjà crevée, je bois mon premier café de la journée. La caféine me donnera l'énergie nécessaire, mais si fugace, qu'il me faut pour me concentrer sur le travail.

Je m'acharne.

Léa grandit. Déjà six ans, elle est si fière de son entrée au CE2. Le matin, je la conduis sous l'escorte de gardes du corps. Les menaces de mort ne nous permettent plus de nous déplacer en toute liberté. Cette restriction n'entame en rien l'enthousiasme de ma fille ni sa joie de vivre. J'en veux pour preuves ses sollicitations... Ainsi, très sportive, elle me demande de jouer au tennis avec elle.

– Allez, maman ! Viens, on va jouer, ça va être super !

– Léa... j'aimerais bien mais, tu sais, je suis tellement fatiguée aujourd'hui.

– Maman... ce n'est pas juste aujourd'hui que tu es fatiguée. Tu es *toujours* fatiguée.

Je ne peux pas la contredire et je mets ma fatigue sur le compte de mon travail. Déjà cinquante et un ans. Ce n'est pourtant pas si vieux, je m'en rends compte, alors, je ne suis pas très fière de l'avouer : je ne pourrais pas courir derrière une vulgaire balle de tennis sans totalement perdre mon souffle ! Petit souci, quand même. Je monte quelques marches d'un escalier. Je suis essoufflée. Je porte un meuble juste pour le déplacer. Je suis essoufflée. Je me baisse pour attacher mes chaussures, c'est tout un calvaire. Courir après une balle de tennis ? C'est impensable. Comment transmettrais-je les valeurs du sport à Léa, si je ne me donne pas les moyens d'en pratiquer avec elle ?

Pour une fois, je monte sur la balance. Quatre-vingt-trois kilos… Vingt de trop. Même pas peur, même pas mal. Quatre-vingt-trois, et alors ?

« Tu sais que tu es une belle jeune fille ? Prends soin de toi. »

Eh bien, non. Toujours pas.

Néanmoins, quelque chose dans l'amour que Léa et moi nous portons pourrait-il réparer des blessures lointaines ? Je le ressens confusément, en particulier quand me reviennent en mémoire les conseils prodigués par la dame de l'église autrefois. Je m'amuse de penser qu'elle aurait tout aussi bien pu rédiger son petit mot pour Léa. Ces mots enracinés en moi s'appliquent également à ma fille, à tous les enfants. Maintenant que je suis mère, ces conseils donnés à l'enfant que j'étais me rappellent mon premier devoir, celui de faire savoir à Léa que, en effet, elle est une belle jeune fille. Que, en effet, elle doit prendre soin d'elle. En résumé, elle est un être humain digne et respectable.

Oui. Mais moi, dans tout cela ?

Est-ce que je me respecte moi-même ? Ne suis-je pas celle par qui commence la charité bien ordonnée ?

L'amour de Léa, peut-être, m'ouvre-t-il un chemin vers le plus profond de moi-même ? Le chemin de l'alignement entre le corps et la tête, comme me le disait Fabien, mon agent ?

Je ne suis pas devenue mère pour guérir d'un mal d'enfance ou pour apprendre à me respecter, c'est-à-dire à m'aimer. Léa n'est pas un enfant-pansement. Mais, de toute évidence, mon amour pour elle agit sur la perception que j'ai de moi-même, par ricochet. Si je l'aime, et puisqu'elle m'aime, alors je suis digne de respect ?

Je me pose de temps en temps la question, sans chercher à y répondre précisément. Ma personne ne se situe pas au sommet de la liste de mes préoccupations. Tout en haut de cette liste trône Léa. Avec elle, je me projette dans un avenir riche en voyages et découvertes.

Bien souvent, ma sœur Gladys me rappelle : « Beaucoup n'ont que leur nombril dont s'occuper. Quand tu as un enfant, le monde change, le centre d'intérêt change. » Cela a vraisemblablement été mon cas pendant de nombreuses années, mais, même de mon nombril, je ne m'en suis pas occupée. Depuis Léa, je me suis ouverte à la responsabilité, je me suis tournée vers l'autre par devoir et par amour, je me suis confrontée à l'humilité que demande l'accompagnement d'un enfant.

Mais ne dois-je pas à Léa de me préoccuper de ma santé, simplement pour être là chaque fois qu'elle aura besoin de moi ? L'aider, l'accompagner, marcher avec elle dans Los Angeles, où je voudrais l'emmener en vacances un jour, explorer les lieux que nous visiterions. Rien de cela n'est possible sans une bonne forme physique. À Léa, je donne tout ce que j'aurais aimé recevoir. De l'amour, de l'attention, alors, elle me dit souvent :

– Je t'aime, maman.

Mon cœur fond. Certains pensent qu'il ne faut pas trop choyer les enfants. Pour ma part, je ne crois pas qu'un amour soit trop grand. On n'aime jamais trop. Combien d'enfants n'ont jamais eu de parents qui leur ont dit : « Je t'aime. » Aujourd'hui, je le dis à Léa, haut et fort. Je verbalise, alors Léa parle, exprime ses sentiments, et moi, je lui répète :

– Je t'aime, Léa.

L'enfant qu'on élève vous renvoie à votre propre éducation et à celle de vos frères et sœurs, quand vous en avez. Léa a des parents et sa famille élargie. Par-dessus tout, je veux lui donner de l'amour, qu'elle reçoit aussi des oncles et des taties. De mamie et de papi. Par-dessus tout, je veux lui offrir une certaine présence dont j'ai moi-même bénéficié. Papa et maman ont été très présents. Comme ils l'ont fait pour moi, je consacre des heures à Léa, à nos loisirs, à ses devoirs aussi.

Léa le sait, même quand mes gestes et mes mots peuvent lui paraître fermes. Oui, je suis dure avec toi, mais je t'aime, c'est pour toi, et puis, je te laisse le choix. Je pense à une histoire de chocolat qui illustrera cette idée. Il y a quelque temps, la directrice de son école avait offert du chocolat aux enfants et une double ration pour la maison. À leur place, j'aurais adoré. Je me serais jetée dessus. Après que j'étais allée la chercher à l'école, Léa hésitait :

– Je peux en manger encore, maman, tu crois ?

– Écoute, c'est à toi de décider.

– Mais qu'en penses-tu, toi ?

– Moi ? Moi, je pense à ton ventre, à tes dents, à ta bouche… à ta santé, voilà.

En même temps que je prononce ces mots, je me vois engloutir des madeleines auxquelles je ne sais pas résister… quand Léa le doit.

– Ma santé, répète Léa, pensive, comme si elle songeait : *Et ta santé à toi ?*

Je ne me départis pas de mon habit de mère protectrice.

– Une maman, tu sais, elle n'est pas là pour prendre des décisions à la place de son enfant. Une maman est là pour l'accompagner. Toi, je te donne le choix, et tu décides. Moi, je te conseille, mais au final, oui, Léa, la décision te revient.

– La décision d'avoir mal au ventre, c'est ça ?

– À toi de voir !

– C'est vrai que j'en ai mangé déjà beaucoup, cette semaine.

J'approuve d'un hochement de menton. Léa reprend :

– Et le chocolat… c'est pas tellement bon pour la santé.

– Un petit peu, ça va, oui. Mais trop… Donc, si tu veux, tu les manges et…

– Non, conclut Léa sur un ton résolu et responsable. Non, je ne vais pas les manger.

***

Finalement, qu'est-ce que je transmets à Léa, si ce n'est d'être responsable de ses actes ? Qu'est-ce que je lui montre, si ce n'est d'assumer pleinement sa différence ? Qu'est-ce que je lui apprends, si ce n'est la valeur précieuse de la singularité ? Et l'importance de n'avoir ni crainte ni honte de sa différence ? Qu'est-ce que je lui enseigne, si ce n'est l'indépendance d'esprit et la faculté de se détacher du regard des autres ? Embrasser ce qui fait d'elle un être unique, faire de sa différence une force plutôt qu'un fardeau ?

Je pense au grand parc où l'on se détend après la sortie de l'école. L'autre jour, un grand garçon, dix ans environ, est monté sur une poubelle. Les petits se sont laissé entraîner et ont à leur tour escaladé cette poubelle. Sauf Léa, restée seule dans son coin. Isolée, elle n'en a pas pour autant éprouvé l'affreux sentiment qu'est celui d'être exclue. Peu après, elle est venue me voir et, perplexe, m'a fait remarquer :

– T'as vu, ils sont tous montés sur la poubelle.

– Ah bon ? C'est bizarre…

– Oui, maman. Tous ! Ils sont tous montés. Je ne comprends pas bien pourquoi. Moi, en tout cas, je ne suis pas montée, voilà.

– Je suis bien d'accord.

– Non, non, franchement, je trouve que ce n'est pas bien de monter sur la poubelle.

Alors je lui ai dit bravo :

– Tu vois, Léa, ça, c'est le discernement. C'est très important de sentir les choses. Parce que, oui, même si tout le monde le fait, toi, tu n'es pas obligée de le faire.

Les choix singuliers de Léa, c'est-à-dire l'expression de sa personnalité, ne l'empêchent pas d'être populaire. Ainsi, à la différence de sa mère quand elle était enfant, Léa, elle, est souvent invitée chez ses nombreux amis.

Un jour, au sortir de l'école – il se passe toujours beaucoup de choses à la sortie des écoles –, une maman dont le fils avait convié Léa à son anniversaire est venue vers moi en attendant la sonnerie :

– Dites donc, a-t-elle commencé, mi-admirative mi-amusée, on ne fait pas n'importe quoi avec Léa !

Un petit rire m'a échappé :

– Ah bon ? Qu'est-ce qui s'est passé ?

– Il y avait un animateur à l'anniversaire de Paul. Il faisait le magicien.

– Oui, Léa m'a parlé de ses tours de magie. Formidable !

– À un moment donné, il s'est mis un produit sur la main qui s'enflammait. Sans pour autant se brûler. Il a proposé à tous les enfants de le faire. *A priori*, c'était sans danger.

Mon estomac s'est noué à l'idée de toutes ces petites mains prenant feu.

– Tous les enfants l'ont fait, m'a-t-elle appris. Sauf Léa !

– Léa ne m'avait pas parlé de ça.

Après un sourire, cette maman a repris :

– Pourtant, ce n'est pas faute de l'avoir encouragée, vous savez ? Allez, Léa ! Vas-y, Léa.

Elle me raconte comment, pendant vingt minutes, Léa a résisté à la tentation, si je puis dire, d'imiter ses petits camarades. Un rien interloquée, je l'écoute attentivement.

– Rien à faire. Une petite tête de bois, votre Léa ! C'est aussi une qualité, n'est-ce pas ?

La sonnerie résonne et les enfants sortent joyeusement de l'établissement. Sur le chemin du retour, je parle avec ma fille de cet épisode dont elle ne m'avait pas donné tous les détails.

– Bravo, Léa ! Maman est fière de toi. Parfois, tu peux être témoin de comportements ou de mots qui sont peut-être déplacés. C'est à toi de voir comment tu sens les choses. De sentir, pour savoir quoi faire et quoi penser, tu vois ? Est-ce que ça te parle ?

– J'aurais pu me brûler, maman, tu te rends compte ?

– Peut-être. Peut-être pas. L'important, c'est qu'on n'est jamais obligé de faire comme les autres. Tu n'as pas envie, tu ne fais pas. Et on se moque du regard des autres.

– J'ai compris, maman ! Tu me le répètes tout le temps !

Nous rions toutes deux.

– Moi ? je reprends sur le ton de l'ironie. Mais non… Écoute, en tout cas, il faut oser être différente. On n'a pas besoin de se faire accepter par tout le monde, tu sais. Avoir sa propre identité est important.

Bref, ne pas chercher à tout prix à être comme les autres ou à penser comme eux. Avoir le discernement, réfléchir, renifler les choses. Le véritable pouvoir n'est pas dans les mots mais dans le contrôle. Le contrôle sur soi-même.

C'est indéniable, Léa me rappelle aussi la petite fille que j'étais, mais par contraste. Parfois je me dis, c'est drôle, elle aime les camions, les puzzles, les Lego… Moi, c'était plutôt les poupées. Et les billes, le vélo et le jeu de dames, où j'excellais.

En ce temps-là, la gamine de douze ans, harcelée à l'école, ne se serait jamais imaginée menacée de mort quarante ans plus tard.

Malheureusement, cultiver une personnalité singulière finit toujours par coûter quelque chose. Le succès de *Face à l'info* avec Éric Zemmour, au début, ma capacité à demeurer stoïque en toutes circonstances et ma détermination à défendre la pluralité du débat me valent des menaces si concrètes que, comme je vous l'ai dit, je ne peux plus me déplacer sans gardes du corps. Ma fille s'amuse de leur compagnie, sans en mesurer tous les enjeux. Car elle ne retient que la bienveillance dont elle est parfois témoin :

– Maman, les gens t'arrêtent tout le temps dans la rue pour te dire qu'ils t'aiment. Tu as de la chance, quand même.

– C'est vrai. Mais ils peuvent s'arrêter aussi pour me dire qu'ils ne m'aiment pas. Comme dans la cour de récréation. Ça t'est arrivé, déjà ?

– Pas beaucoup, non.

J'ajoute :

– Dans la cour de récré aussi, les enfants peuvent te dire : « Ah, oui, on ne t'aime pas. » Et sans raison valable, ils ne jouent pas avec toi.

Si Léa n'a pas idée de ce qu'est une menace de mort à son très jeune âge, elle perçoit toutefois le danger qui plane, confusément, parce que la menace, floue, n'a pas de contours précis, pas de visage identifiable. Sans compter qu'elle se cache derrière l'anonymat. Un anonymat en tout point identique à celui dont s'étaient drapés les auteurs de ce message en lettres capitales sur le balcon de mon collège.

Où ai-je puisé les ressources pour résister à cette malveillance, teintée de jalousie ? Comment ne me suis-je pas laissée détruire ? Certainement en niant une partie de moi-même, comme mes harceleurs m'avaient niée. En même temps, cette jalousie est devenue ma force. À l'époque, déjà, elle m'a permis de résister. Aujourd'hui, elle me permet de m'adapter au milieu si particulier de l'audiovisuel. Ce mur au fond de moi.

Le milieu est complexe, le travail est difficile, environné d'insultes et de menaces. Mais j'ai forgé cette habitude, douloureuse parfois, de me retrouver seule contre tous. Année après année, ce mur comme une carapace s'est obstinément façonnée pour me protéger.

Mais je n'y respire pas si bien.

Parfois, je me demande si elle ne m'étouffe pas un peu.

Cette carapace, étanche et imperméable, m'empêche aussi, très certainement, d'être en adéquation avec mon corps. Elle me fortifie, mais elle m'empêche de ressentir mon corps. Elle m'empêche… de me sentir « belle » ? de « prendre soin de moi » ? Cette carapace est devenue mon habitude, mon mode de survie, au point que j'ai accepté petit à petit d'être perçue comme coupable. Sans broncher.

De porter la honte sur mes épaules, comme si ce fardeau était juste.

D'être la fille qu'on blâme.

C'est sûrement un peu mon drame, mais aussi la source de ma capacité à rester stoïque et de ma détermination à défendre la pluralité du débat. Là, seule au milieu de tous ces regards, ces critiques, ces insultes, ces mépris. Seule, mais avec mon mur. Le harcèlement dont je suis victime me glisse dessus. La pression de mon métier est telle que, chaque fois, je me dis : « Laisse tomber, trace ta route. »

Des amis me reprochent de ne pas porter plainte. Je choisis l'indifférence pour me concentrer sur l'émission, ne pas perdre mon sang-froid, conserver l'équilibre, suivre mes objectifs. Coûte que coûte faire mon travail, c'est ma façon d'avancer. Je ne lis pas non plus les articles de presse qui me concernent, dont on me fait comprendre qu'ils sont surtout désobligeants, insultants à mon égard, mensongers systématiquement, toujours des inventions d'anecdotes, des guillemets pour des mots jamais prononcés, des endroits où je ne suis jamais allée, des personnages que je n'ai jamais rencontrés. Le pouvoir réside dans ce que vous ne dites pas, dans le silence. Aucun grand homme de sagesse ne perd son énergie dans des luttes inutiles. Si quelqu'un parvient à vous déstabiliser, il vous contrôle. Être confortable avec l'inconfortable. L'inconfort comme terrain de jeu.

***

Le mental est fort, la tête avance, mais le corps ralentit. La fatigue est de plus en plus présente, elle s'impose chaque jour davantage. Elle se manifeste par des alertes santé auxquelles je reste sourde, comme je reste indifférente aux menaces de mort, passé les premières secondes.

Ainsi mes cheveux que je perds. Mes cheveux quittent ma tête par paquets. Si je m'en inquiète, je ne m'en préoccupe pas réellement, car je ne dévie pas de mon objectif : tenir. Le *burn out* attendra. Je l'appelle ainsi, mais le vrai *burn out* vous cloue au lit. Je sens qu'il menace, qu'il est en embuscade.

Ainsi le Covid que j'attrape et qui porte un double message : « Je t'ai eue parce que tu es déjà faible, et si je ne te tue pas, je t'affaiblirai encore. » Cet avertissement ne m'ébranle absolument pas.

Lorsque je retourne au travail, le stress s'ajoute à ma faiblesse patente. Mon état de fragilité, que je mesure mal, s'aggrave, au point que je finirai par perdre une partie de ma mémoire en plateau à vouloir trop en faire. Courir voir ma mère à l'hôpital en Guadeloupe, rentrer à Paris quelques heures plus tard, enchaîner l'émission d'histoire que je présente avec Marc Menant, puis *Face à l'info*. Oui, je n'oublierai pas ce soir insolite et inédit où mon esprit vacille en pleine émission devant mes chroniqueurs.

Vraisemblablement, oui, je ne prends pas soin de moi, la dame de l'église avait raison.

Ai-je peur d'être belle, comme l'insinuait mon amie ? Ai-je peur de mon corps ? Ai-je effacé mon corps, comme l'avait souligné Fabien, mon agent ? Ai-je trop piétiné mon capital physique, comme me le rappelle sans cesse mon collègue Marc Menant ? Je ne cherche pas sciemment à m'enlaidir, non, je ne crois pas. J'ai dépassé ce stade en fin d'adolescence, j'en veux pour preuve les boucles d'oreilles que je me suis offertes à vingt ans et le maquillage discret que je me suis autorisé à l'époque. Je ne cherche pas à être moche, je me fiche juste d'essayer d'être belle. Du moins, je le pense. Je cherche peut-être à effacer mon corps, à disparaître ? Pourtant, je fais un métier où je présente l'info devant un public.

Suis-je encore en train de me voiler la face ? Peut-être.

En tout état de cause, je ne cherche toujours en rien à améliorer mon apparence ou mon état de santé. Mon corps oublié semble se rebeller contre mon indifférence, un aveuglement que je cultive.

Pourtant, je me sens mal. Je suis capable de l'écrire aujourd'hui, mais je suis incapable de le dire à l'époque, je ne sais pas ressentir ce malaise dans toute son amplitude.

Tenir. Seulement tenir.

Mes cheveux qui me quittent avec fracas. À chaque coup de brosse, ils s'en vont. Je les vois tomber sur le sol. Je ne sais pas pourquoi. Moi qui ai toujours eu des cheveux robustes, résistants et… fidèles ! Jamais ils ne m'avaient trahie. Pourquoi me faire un coup pareil ?

Me regardant dans un miroir, une pleine poignée de cheveux dans la main, je murmure à mon reflet :

– Là, il y a quelque chose qui se passe.

Et ce manque d'énergie… Je ne me reconnais plus. La femme au miroir me paraît une étrangère. Elle est crevée. Je *suis* crevée, vidée.

Est-ce le surmenage ?

***

Les vacances d'été approchant, je prends la résolution de me retaper en Guadeloupe, où Léa, ma famille et moi allons nous ressourcer.

Ces vacances de reconstruction me permettront sans nul doute de résoudre mon problème capillaire, de renouer le dialogue avec la chevelure que j'avais si robuste.

Au bout de l'été, mes cheveux et moi n'avons pas complètement fait la paix. Mais puisque je me sens reposée, du moins en surface, je m'en contente. Pourtant, c'est bien peu. Le travail reprenant, j'oublie mes cheveux et tout le reste.

Immanquablement, la fatigue reprend très vite le dessus.

« Je suis épuisée. »

Ce tweet que j'ai posté en a surpris plus d'un, surtout de la part d'une femme qui ne s'est jamais plainte de sa fatigue, son manque d'énergie ou son manque de détermination. C'est comme si, pour la première fois de ma vie, je disais au monde entier :

Pourquoi moi ?

Cette question est certainement sous-jacente à la petite phrase lâchée sur les réseaux et qui sera reprise je ne sais combien de fois. Pour compatir. Mais aussi pour se moquer, pour dénigrer, toutes ces petites et grandes malveillances.

Mes amis proches me mettent en garde.

– Fais attention, Christine. Sache qu'on en a vu, des *burn out*. Ce que tu traverses ressemble fort aux premiers pas vers ce syndrome d'épuisement. Il faudrait peut-être agir avant que tu ne puisses plus te relever du tout. Le *burn out* te cloue au sol à un moment donné et tu ne peux plus rien faire.

Interpellée, je fais quelques recherches sur Internet.

« Qu'est-ce que le *burn out* ? »

Divers moteurs de recherche m'apportent tous les mêmes réponses. Chère Christine… Un *burn out* est un syndrome d'épuisement professionnel qui engendre un état d'épuisement physique, mental et affectif en lien avec le stress. Le stress est en effet érigé en système, en mode d'organisation du travail. Bref, les exigences professionnelles que je m'impose ont largement dépassé mes ressources individuelles, que je croyais aussi inépuisables que l'énergie du soleil.

Visiblement, je ne peux plus tourner à ce régime. C'est ce que signifient ma fatigue intense et ma perte d'efficacité. Mon extrême épuisement, même après le repos. Cela dit, je parviens à éloigner l'hypothèse du *burn out* grâce à quelques-uns de ces symptômes que je ne présente pas. « Démotivation profonde. » Je ne me sens absolument pas démotivée. Là, on ne risque pas de m'y trouver ! Bien au contraire. Irritable, moi ? Pas du tout ! Cynisme ou détachement émotionnel ? Je ne crois pas, non. Enfin, sauf de mes propres sensations. Baisse de performance ? C'est vrai que j'ai quelques difficultés de concentration, parfois. Des troubles du sommeil, oui. Des maux de tête. D'accord, mais à qui ce n'est pas arrivé ? Douleurs musculaires ? Je ne pense pas. Pas plus qu'un niveau acceptable, en tout cas. Des troubles digestifs ? Écoutez… j'ai toujours mangé n'importe quoi et ça ne m'a jamais fait de mal, alors…

Peut-être ne suis-je qu'au début de la grande dégringolade, dans les prémices du fameux *burn out*. Car j'arrive encore à marcher, à faire un tas de choses.

Non, non, merci, mais ma fatigue n'est que passagère, je n'ai besoin d'aucun accompagnement médical ou psychologique, non mais vous m'avez prise pour qui ?

***

Je me cache ces difficultés, oui. Ma conscience, pour ainsi dire mon corps est à ce point disjoint de mon esprit qu'il pourrait quasiment être une entité à part, dotée de parole et qui me dénoncerait :

– Tu peux continuer à faire semblant, Christine, prétendre que tu es la plus forte, nous, on n'en peut plus de la pression que tu nous infliges. On n'a pas signé pour ça ! Nous, les cheveux, on n'en peut plus. Nous, la mémoire, on n'en peut plus. Nous, le cœur, on n'en peut plus. Et la graisse que tu nous balances ? On n'en peut plus, Christine !

Si je ne fais pas la sourde oreille, je m'enfonce dans le déni et je provoque mon organisme en continuant d'ignorer mon corps, ses alertes et ses cris :

– Allez, les gars, vous allez tenir. Mangez, mangez un petit peu. Mangez un petit peu de madeleines, buvez un petit peu de rosé, ça vous fera du bien, les gars !

Mais le corps ne m'obéit plus, semblant agir de lui-même, il se révolte :

– Non, ce n'est pas ce qu'il nous faut ! Nous avons besoin de la même chose que Léa. Par quel mystère es-tu capable de prendre soin de Léa, mais pas de nous ? pas de toi ? Pourquoi tu ne prends pas soin de toi, ne serait-ce que pour le bien-être de Léa ? Tu t'es vue sur le court de tennis ?

C'est l'insurrection, elle est violente. Vais-je devoir ouvrir des états généraux ? L'idée des états généraux de mon corps me fait sourire. Je m'imagine convoquant tous ses représentants en une assemblée délibérative. Ils me demanderaient un changement de régime.

Je me souviens encore de mon nom affiché au collège, cette insulte gravée en moi par sa violence. Le choc et l'humiliation publique. La cible de tous. La cible de mes camarades de classe. La mise à l'écart. J'ai eu mal. J'ai compris le fossé qui se creusait entre ce qui se disait de moi et qui j'étais vraiment. Il me fallait alors me cacher. Me cacher un peu plus. Raser les murs. Baisser la tête. J'ai toujours cherché un moyen de me cacher. Manger. Grossir. Disparaître. M'envelopper d'une graisse protectrice du regard des autres. Au fil des années, je suis devenue une adulte qui s'est battue pour exister par son travail et non par ce qu'elle pouvait projeter. Plus les années passaient, plus je me cachais. Il fallait me rendre à l'évidence. De temps à autre, une petite voix venait percuter mon confort. Comme celle de Frédéric Salman, ce cardiologue spécialiste des livres sur la santé, le bien-être et le poids. Un jour, je dois le rencontrer pour travailler sur un dossier. Un dossier de lutte contre l'obésité… Il est 20 h 50. Il est déjà assis. Il m'attend. Je l'avais prévenu de mes cinq minutes de retard. Cela faisait onze ans que je ne l'avais pas vu. On s'entendait plutôt au téléphone régulièrement. J'arrive, je souris, je suis heureuse de le revoir, je l'embrasse, je tire ma chaise pour m'asseoir, et là, pas encore assise, il me lance :

– Christine, quand est-ce que tu vas commencer à t'aimer ?

Je reste en squat. Cinq secondes. Je retiens mon souffle. Je retiens mon émotion. Je suis percutée. Je ne souris plus. Je finis par m'asseoir.

Et il poursuit :

– Tu t'occupes des autres, mais tu t'es toujours oubliée. Il est temps.

Me cacher comme une punition.

M'oublier comme une solution.

Une inconscience à ne pas pouvoir être dans la liberté de soi.

La première des libertés, c'est l'impudeur.

***

– Je vois ta tête rouler, tranchée, tel Robespierre.

Ces mots arrivent dans ma messagerie, sur mon adresse personnelle, et sont délivrés par Patrick K. Un inconnu.

Cette menace n'est pas la première, elle s'inscrit dans le contexte de harcèlement que vous connaissez déjà. Ces derniers temps, c'est vrai, le nombre d'insultes avait quelque peu diminué. Mais la fatigue est bien présente et ma résistance à ces violences s'en trouve affaiblie. Bref, je suis saisie par l'image de ma tête qui roulerait sur le sol après ma décapitation.

Encore moi ?

Pourquoi moi ?

Pourquoi encore moi ?

Un tremblement irrépressible me fait frissonner dans la voiture où je suis installée aux côtés de mes gardes du corps, Gordan et Slaven. Ils s'inquiètent de mon état et de ma mine blême. Ils ont l'habitude de m'observer au-delà de mes mots. Ils savent que je ne dis pas toujours tout. Ils savent que je me cache pour souffrir. Gordan me fixe à travers le rétroviseur.

– Qu'est-ce qu'il se passe, madame ?

Embarrassée par l'émotion qui affleure, je m'efforce de retrouver mon calme si légendaire. Le geste lent et mesuré, je tends mon téléphone à Gordan afin qu'il puisse y lire cette page entière de menaces pseudo-révolutionnaires. Le visage de mon garde du corps se rembrunit, je l'ai rarement vu si grave. Le sourcil froncé, il prononce avec solennité :

– Là… Quand même… Cette fois, il va falloir porter plainte, madame.

Le silence semble s'épaissir et l'instant se figer, s'alourdir d'une tension, palpable dans tout l'habitacle. J'ai la sensation trouble d'un vertige qui me fait vaciller, mais je n'ai pas tout à fait conscience du basculement qui est en train de survenir. Au grand désarroi de Gordan et Slaven, je résiste :

– Porter plainte ? Ça veut dire quoi ? Pourquoi ?

– Ça veut dire aller à la police ! insiste-t-il, abasourdi par mes questions.

Son agacement est largement compréhensible : investi de sa mission, il cherche coûte que coûte à me protéger. Et c'est moi qui le contrecarre ? Je m'oppose encore :

– Aller à la police ? Et puis quoi... rester trois, quatre, cinq heures en interrogatoire ?

– Oui. Tout à fait. Plus s'il le faut.

– Et puis quoi... pour qu'on me dise ensuite que ce n'est pas si grave ?

– Non, madame. Pour qu'on dise que la justice fait son travail. Pour vous et pour toutes les victimes, il faut porter plainte. C'est très grave, ça ne peut plus continuer.

Je lui répondrais volontiers que, moi, je ne suis pas une victime. Je suis une *doeuse*, de *do-*, dérivé du verbe « faire » en anglais, et de *-euse*, suffixe féminin, bref, je suis une femme d'action qui nage à contre-courant tel un saumon. Mon ex-mari me surnommait la *doeuse*.

D'accord, je suis menacée, mais je me suis fixé une règle : faire abstraction des méchants. Il faut être dans la boue pour envoyer de la boue. Et je n'ai pas envie de tomber dans leur piège chronophage. Pourquoi ? Pour me concentrer sur mon travail. Pour avancer, au service de l'information, pour travailler, pour construire et non détruire. Pour ne pas laisser ceux qui voudraient m'entraver m'arrêter. S'arrêter, c'est perdre du temps. Voilà ce que je pense. Soit on avance, soit on gâche son temps à tergiverser : *Je vais porter plainte ; non, je ne vais pas porter plainte ; si, je vais porter plainte.* Porter plainte, n'est-ce pas donner de l'importance, de la visibilité et donc du crédit aux bourreaux ? Pour quel résultat ?

Parfois, ma conscience me titille :

– *Voilà bien un raisonnement sur lequel prospèrent les bourreaux, Christine. Puisqu'on les laisse faire, pourquoi se priveraient-ils de violenter, de continuer ?*

Je préfère ne pas y penser. Je m'entête : réagir, c'est nourrir la bête.

– *Alors laisse la bête te dévorer…*, murmure ma conscience.

Ma conscience est parfois ma meilleure ennemie, nos relations sont toujours marquées du sceau de la conflictualité. Je la combats encore :

– *Pourquoi est-ce que j'ai autant de* followers *sur les réseaux ?*

– *J'en sais rien, Christine. Je m'en fous.*

– *Peut-être parce que je n'ai pas joué le jeu des méchants. Parce que je n'ai pas dit : « J'ai mal, j'arrête, je quitte les réseaux sociaux… » Bref, je ne partirai pas !*

– *À quel prix, Christine ?*

– *Aucun ! Je ne regarde pas leurs attaques.*

– *Faire comme si ?*

– *Oui, oui, comme si.*

– *Admettons, Christine. Donc, fais comme si. Mais est-ce qu'il ne s'agit pas d'un mail, cette fois ? Et sur ton adresse personnelle ?*

Je m'efforce de minimiser, tout en restant crédible :

– *Oui… comme d'autres fois. Et quand je tombe sur un message violent, je me dis simplement : « D'accord, vous avez voulu me faire mal. Et après ? J'ai déjà connu le collège. »*

En mon for intérieur, je poursuis mes dénégations, me rassurant à l'idée que ces harceleurs vivent dans une sorte de néant absolu, qu'ils n'ont pas d'existence en dehors de leur addiction à la haine, qu'il est bien triste, décidément, qu'ils n'aient pas d'autres occupations qu'empêcher leurs cibles de mettre un pied devant l'autre ou d'appeler à ce qu'on leur coupe la tête. Je me rappelle cette phrase qui m'a été envoyée sur les réseaux sociaux : « Un gauchiste, c'est quelqu'un qui veut taxer ta réussite pour financer son échec. »

Je réitère mon vœu d'indifférence : je ne leur donnerai pas plus d'importance qu'ils n'en ont.

Est-ce une erreur ? Peut-être.

Ai-je raison ? Peut-être.

Et si j'avais tort ? On verra.

Et si, cette fois, il ne fallait pas le laisser passer ?

Ça me fatigue...

***

Presque à contrecœur, je me résous à écouter un ami avocat qui s'insurge devant ces menaces de mort à répétition. Je me persuade aussi qu'il va relativiser la situation, tomber d'accord avec moi pour juger qu'il n'y a pas lieu de poursuivre. Allez, on efface tout, on oublie et puis on consacre son énergie à des choses qui en valent la peine, allez, on avance ! Une fois que j'aurai pris le conseil de mon avocat et ami, j'en informerai mon garde du corps et on me fichera la paix. Voilà, les lèvres du jurisconsulte s'entrouvrent, j'attends qu'il me conforte, mais il me contredit :

– Évidemment qu'il faut porter plainte !

– Hein ?

– Non mais est-ce que tu te rends compte de ce que tu as enduré depuis deux ans !

– Mais…

Les yeux écarquillés de surprise, je l'écoute.

– On ne peut pas banaliser cette violence, Christine !

Ma mâchoire se serre un court instant, et avec la plus vive énergie, je conteste :

– Enfin… est-ce qu'il n'y a pas mieux à faire dans la vie que… que gâcher son énergie pour ce genre de… ?

– De quoi, Christine ?

– De…

– Broutilles ?

Sa voix s'est légèrement enrouée et la mienne se réduit à un filet, trahissant sans doute mon trouble, mes hésitations.

– Non, ce ne sont pas des broutilles, bien sûr, mais… quand même, il y a des choses dans la vie qui valent plus la peine que *ça*.

– Ça quoi ?

– Ben, *ça*.

– *Ça* porte un nom, Christine, le nom de *ça* est « harcèlement ».

Lourd silence, comme si un mot interdit, un blasphème, venait d'être prononcé. Je frémis tandis que mon avocat poursuit :

– Tu as bien conscience d'être harcelée ? N'est-ce pas, Christine ?

Après une pause et le temps d'un profond soupir, j'admets qu'il n'a pas tort, ou plutôt qu'il a à moitié raison.

– Certes, certes, ce que tu dis n'est pas faux. Mais j'ai l'habitude, tu sais, pas d'inquiétude... Quand j'avais douze ans...

Ne trouvant plus mes mots, je les cherche en regardant fixement devant moi. Enfin, quelque chose me vient :

– Ces insultes sur le balcon du collège alors que je n'étais qu'une enfant. C'était écrit en grand, des lettres immenses. Tous mes camarades me montraient du doigt. Me fuyaient. Me considéraient comme une pestiférée. Personne ne me parlait. J'étais seule. Toujours seule. On m'insultait sans savoir qui j'étais. Tu vois, je suis rodée. Ils peuvent y aller, j'ai le cuir épais, triple épaisseur. Figure-toi que, si je n'étais pas passée outre, je n'aurais jamais pu dépasser l'âge de douze ans et avancer. Je n'étais qu'une enfant, tu entends ?

– Christine ! Ce genre d'agissements doit cesser. Où va la société si plus personne ne saisit la justice ? Porte plainte.

Très secouée, je ne trouve pas quoi répondre et lui semble espérer une réaction de ma part. Cette histoire serait presque risible, si elle n'était tragique. Le tragique a un étrange caractère de comédie qui fait sourire pour dédramatiser les situations les plus abominables, pour rendre l'horreur supportable. Il y a en effet une sorte d'horreur brute, absolue, totalitaire dans les violences psychologiques et morales, plus encore quand elles s'assortissent de menaces physiques. Parce qu'on finit toujours par vous menacer physiquement, parfois sous couvert d'humour. Ces menaces, répétées, ont pour but de vous faire taire, d'annihiler votre liberté, en appelant purement et simplement à votre disparition, ici par décapitation. Un hasard ? Certainement pas. Car, couper votre tête, c'est couper l'organe par lequel s'exercent votre liberté et votre réflexion.

Mais cette consultation juridique un tantinet burlesque n'est pas encore terminée. Perplexe face aux arguments pourtant imparables de mon jurisconsulte, je lui bredouille des réponses alambiquées du genre : « Oui, mais non, peut-être, après tout, non. » Mon ami avocat ne lâche pas, me menaçant, si je puis dire, d'agir à ma place :

– Si tu ne le fais pas, moi, je vais le faire pour toi.

– Tu pourrais ? Parce que, moi, je ne vais pas arrêter mon boulot, dédaigner Léa, pour m'emmerder avec ce truc. Et puis, aller m'asseoir quatre heures dans un commissariat pour rien…

Les yeux levés au ciel et les mains jointes en signe de prière, il avance son visage vers moi et articule lentement :

– Sur ce coup-là, il n'est pas question que tu laisses tomber, Christine. Trop facile. Et puis, si tu ne le fais pas pour toi, j'insiste une fois encore, fais-le pour les autres, pour ceux qui n'ont pas ta visibilité.

Brusquement, je suis électrisée, quelque chose me heurte, une part intime en moi est affectée. Je réalise que d'autres personnes peuvent être victimes de harcèlement, qui plus est sans avoir les moyens de se défendre. Ma corde sensible est touchée. Porter plainte pourrait donc aider, sauver d'autres gens ?

J'ai le sentiment profond de la vulnérabilité des autres. Les autres passent souvent avant moi.

L'heure d'après, plainte est déposée auprès du procureur de la République.

***

À ma grande surprise, j'éprouve une espèce de soulagement, comme si un poids, dont j'ignorais l'existence, me quittait soudainement. Je me sentirais presque libérée de quelque chose, mais je ne saurais dire de quoi.

Le poids de mon fardeau ?

Une partie, du moins.

Évidemment, je suis convoquée sans délai à la police judiciaire. J'y suis accueillie par des fonctionnaires exceptionnels. Je n'oublierai jamais Laura, cet agent de la BRDP (Brigade de répression de la délinquance aux personnes), qui m'a invitée à m'asseoir avec une délicatesse infinie et écoutée avec attention pendant des heures. L'audience dure quatre heures, quatre heures que j'aurais pu consacrer à mon travail, à ma fille, aux madeleines et consorts. Mais les questions précises qu'elle me pose et les réflexions qui me sont faites me font vaciller sur mes certitudes : je suis peut-être bien une victime.

Le harceleur me poursuivait depuis deux ans. Messages, lettres, tweets, appels téléphoniques, je ne voulais rien voir. L'enquête de la BRDP a montré que c'était bien plus grave que je ne voulais bien le croire. Le harceleur est invité à venir s'expliquer. Il est placé en garde à vue pendant vingt-quatre heures. L'enquête de la police judiciaire apporte certaines révélations : marié, père de famille, situation professionnelle stable, « Monsieur Harceleur » a une vie sans histoires. Il n'en rumine pas moins une rancune sourde et nourrit en silence une haine tenace qui s'exprime depuis deux ans sur les réseaux sociaux. La détermination de « Monsieur Harceleur » à me détruire remonte aux débuts de *Face à l'info*. Elle est implacable et le mode de mon exécution demeure invariable : la décapitation.

Jusque-là, j'avais préféré regarder ailleurs. J'avais banalisé le mal.

Mon avocat, que je rencontre à plusieurs reprises, lui-même s'en effraie :

– Christine, excuse-moi, mais il se passe quelque chose. Tu dois t'arrêter et regarder.

Proposition m'était faite de prendre conscience. M'étais-je à ce point aveuglée ? Avais-je à ce point nié la dignité humaine à laquelle j'avais droit moi aussi ?

L'enquête met au jour des phénomènes incroyables, dont l'achat de mes coordonnées personnelles par « Monsieur Harceleur », probablement sur le *dark net*. Les coups de téléphone anonymes sans personne au bout du fil ? « Monsieur Harceleur ». Le président du Conseil supérieur de l'audiovisuel (aujourd'hui l'Arcom) a aussi reçu ses appels.

Je ne remercierai jamais assez l'enquêtrice de son professionnalisme et sa détermination.

– Prenez soin de vous, me lance-t-elle. Vraiment, prenez soin de vous.

Physiquement, je ne tiens plus debout. Je suis complètement malade, malade, malade. À plat. Les trous de mémoire, la fatigue chronique, peut-être aussi un problème de tension artérielle ? Je ressors des auditions vidée. Comme si je venais de me rendre compte d'une évidence, comme si le ciel me tombait sur la tête.

À plusieurs reprises, mon avocat me le fait remarquer :

– Ça se voit que tu n'es pas bien. Physiquement. Mentalement. S'il te plaît, prends soin de toi.

Après les heures passées dans les bureaux de la police judiciaire à regarder l'abomination dans les yeux, je n'avais sûrement pas la mine habituelle devant l'écran tous les soirs à l'antenne.

Cet affrontement avec la violence et l'empathie de l'enquêtrice m'ont rappelé les bons conseils prodigués au fil des ans par tant de bons Samaritains.

Les mots écrits sur le bout de papier que m'a tendu la dame de l'église, quand j'étais une toute jeune fille.

« Tu sais que tu es une belle jeune fille ?
Prends soin de toi. »

La dame de l'église formulait la même recommandation que l'enquêtrice et que mon avocat, comme si quelque chose en moi avait donné à cette dame, quarante ans avant les faits, le pressentiment des violences qui me saliraient corps et âme. Une violence dont je serais à la fois victime et complice. Complice, faute, justement, de prendre soin de moi. Complice, faute d'écouter mon corps. Coupable de m'oublier, au point de ne pas vouloir m'en remettre à la justice quand on menace de faire rouler ma tête sur le sol.

Ce sale coup arrivait à un moment de ma vie où, sans doute possible, j'étais déjà à terre.

L'enquête lancée, je dois me soumettre à la procédure, c'est-à-dire aux épreuves des auditions. Outre mes rendez-vous avec l'enquêtrice, je rencontre un expert, un médecin psychologue à une heure de Paris. Son rôle est d'évaluer les atteintes psychologiques des menaces de mort sur ma personne.

Sans entrer dans les détails, elles sont profondes et forment des couches superposées.

Oui, je suis à plat.

Heureusement, après les auditions, c'est mon garde du corps qui conduit, car je suis incapable de prendre le volant.

***

Sans doute, il importe de ne plus laisser passer les menaces, les injures et toutes les formes de pression. C'est peut-être aussi le bon moment. Je tiens l'émission à bout de bras depuis deux ans. J'ai passé des caps difficiles, j'ai montré que j'étais capable de faire une émission, puis deux… Personne n'aurait pensé que j'y parviendrais tant les manifestations d'hostilité ont été nombreuses. Une forte mobilisation s'est élevée contre moi, vent debout contre le principe même de cette émission. Face à tant de contestation, qui aurait pu croire que nous tiendrions bon, ne serait-ce qu'une semaine ?

Personne.

Pourtant, nous avons tenu la barre. Grâce au téléspectateur. Ses encouragements. Ses mots. Son souffle. Je ne vous oublie pas.

Je me rappelle comment, au septième jour, le directeur de l'information, Thomas, m'a prise dans ses bras pour me féliciter de ma ténacité :

– On a fait une semaine, Christine, qui l'aurait cru ? On ne lâche rien.

Une semaine de lutte terrible contre une détestation que je n'avais pas cherchée. Lutter pour simplement faire mon travail, qui consistait à m'asseoir face à des chroniqueurs, des invités, et leur poser des questions. Lutter pour exercer mon métier de journaliste.

Tout le monde a le droit de s'exprimer. Également, tout le monde a le droit de ne pas être d'accord avec l'expression de certains. Dans ce cas, il suffit de changer de chaîne pour regarder autre chose. Ou de construire une contre-argumentation afin de la partager. Je n'oblige personne à se martyriser en regardant nos infos. À moins que l'on adore détester, à moins que l'on voue un culte à la haine, il suffit de zapper. Ou d'entrer dans le débat. Zapper, cette liberté que l'on a aujourd'hui, pourrait bien nous être retirée demain. Avec une uniformité de ton, d'informations, de sujets. Est-ce mon souhait ? Qui le souhaite ?

Après une semaine d'émission, nous étions toujours dans le poste.

Deux semaines, toujours là.

Un mois, deux mois, un an.

Au moment où je me résous à porter plainte, *Face à l'info* est installé dans le paysage audiovisuel depuis deux ans. J'ai passé le grand cap, le cap qui, en définitive, m'aura permis de m'autoriser à dire à « Monsieur Harceleur » : « Toi, je ne vais pas te laisser passer. »

UN ESPRIT SAIN DANS UN CORPS SAIN

– Que cette année soit belle ! Que cette année soit magnifique ! Qu'elle te soit bénéfique !

Cette voix forte et énergique qui résonne à travers mon téléphone est celle de mon ami Marc Menant. Toujours membre de ma « fine équipe », les chroniqueurs de mon émission, mes Mousquetaires, je le retrouve chaque soir sur le plateau et dans mon bureau. Sa joyeuse humeur et son excellente santé sont, vous l'avez vu, légendaires. Un véritable ovni… en tout cas, un phénomène. Et, surtout, mon contraire.

Pour ma part, ce 1er janvier 2022, je suis couchée au fond de mon lit, très, très loin d'être en état de profiter des bénédictions de Marc.

La veille, je suis allée en famille avec Léa à l'opéra, comme je lui en avais fait la promesse quelque temps auparavant. Cette idée, la sienne, m'avait paru excellente et c'était aussi une occasion de lui faire plaisir, à ma fille, tout en la nourrissant de culture. Je devais respecter mon engagement. Pourtant, au soir du réveillon de la Saint-Sylvestre, je n'ai littéralement pas réussi à bouger. Mon épuisement l'avait emporté sur ma volonté, je n'avais plus d'énergie. La fatigue avait à ce point pris le pas que je pensais réellement ne plus pouvoir tenir debout. Ni le jour même, ni le lendemain, ni le surlendemain, ni jamais. Mes maux de tête étaient incessants.

Contrariée, Léa avait insisté :

– Eh, maman, tu viens ? Tu avais promis !

Sur le ton de la plaisanterie, je lui ai alors répondu :

– Chatounette, maman va mourir, là…

Mes membres ont fini par se mouvoir comme de vieilles articulations rouillées et, si absurde que cela paraisse, j'ai accompagné Léa à ce fichu spectacle. Voir briller les yeux de sa fille, c'est sans doute le plus important pour une maman. Sans exagération, je suis tentée de dire que cette soirée fut la plus pénible de ma vie. Je me sentais la vitalité du grand âge. Je ne pense pas pouvoir raconter ce que j'ai vu ce soir-là à l'opéra, tant mon esprit était ailleurs, tant ma fatigue me dissolvait corps et âme. Seule la sensation de mourir à chaque instant reste vivace dans ma mémoire.

Et, le lendemain, Marc me souhaite une année magnifique ?

Quelle ironie !

Car, au lendemain de ce réveillon déplorable, je m'éveille dans l'état de zombie. À 9 heures, à 10 heures, je suis toujours prisonnière de mon lit, 11 heures, 12 heures… J'y suis toujours clouée à 13 heures. J'arrive à peine à bouger.

Quand, en début d'après-midi, mon corps consent finalement à se redresser à moitié, je me sens comme un poids mort. La simple action d'enfiler des chaussures m'apparaît comme une épreuve insurmontable. Mon corps, mon ennemi. Sans m'avoir déclaré la guerre, il semble déjà avoir gagné toutes les batailles.

Je suis rincée.

Au téléphone, je bredouille quelques mots et Marc comprend très vite que je n'ai simplement pas la force de lui répondre. Sa voix se teinte d'inquiétude.

– Tu m'as l'air vraiment faible, Christine.

– Ouais…

– Je ne t'ai jamais vue, enfin, entendue, comme ça. Qu'est-ce qui se passe ?

Par mots hachés, je lui exprime mon impossibilité de me lever. Marcher non plus, je n'y arrive pas. Bref, je suis assise sur mon matelas. Compatissant, il murmure à l'autre bout du fil :

– Bouge ! Sors à l'extérieur !

– Arrive pas.

– Force-toi !

Je ne dis rien. Tout m'est difficile. Déglutir me demande un effort insensé. Marc écoute mon silence, qui doit lui paraître vertigineux. Il insiste :

– Va marcher dehors, même un peu. T'oxygéner te fera du bien.

En deux mots, je lui répète que c'est inenvisageable.

Un peu plus tard, alors que je n'ai pas décollé de mon lit, j'appelle ma mère. Le soleil se lève au gré du décalage horaire en Guadeloupe. J'attendais les premières lueurs du jour pour lui faire mes vœux. Au son de ma voix, elle s'affole.

– Que se passe-t-il ?

– Maman, je ne sais pas, je n'arrive pas à bouger.

– Rassemble tes forces, il faut bouger, va dans une pharmacie et achète un tensiomètre.

– Un tensio-quoi ?

Après moult hésitations, je lutte contre moi-même pour me forcer à me lever, à enfiler quelques menus vêtements, à sortir de mon appartement, prendre l'ascenseur, traverser la cour, passer le porche… J'ai le sentiment de me prendre moi-même par la peau du cou pour me contraindre à cet exercice douloureux, peut-être périlleux ? Allez ! avance ! Tu as envie de vomir ? Avance ! Mets ton nez dehors et marche *a minima* jusqu'à la pharmacie ! Tu as le vertige ? marche ! Tu vois flou ? la mission avant tout ! Rapporte un tensiomètre à la maison ! Fais gaffe, Christine, hein ? Tu n'as pas intérêt à t'évanouir avant d'être de retour.

Jamais je n'avais exercé une telle contrainte sur mon corps.

Pas après pas, je me dirige telle une petite vieille vers la pharmacie, convaincue de me trouver à l'article de la mort et de ne jamais atteindre mon objectif. À tout moment, je crois tomber, raide morte, là, sur le trottoir.

Pourtant, le corps tient. Titubant, il entre dans la pharmacie, achète le tensiomètre, ne prête aucune attention à l'air affligé de la pharmacienne, rassemble ses derniers atomes d'énergie, retourne à la maison. Sans me poser de questions, je mesure ma tension avec l'appareil que je découvre, je m'en remets au tensiomètre qui délivre cette annonce : 18/7.

J'ai l'impression que ce n'est pas tout à fait normal. Le présage est mauvais. Car, à ma connaissance, les personnes en bonne santé avoisinent les douze, treize de tension. Pas moi. Quelque chose, décidément, ne va pas. Ma mère et ma famille s'inquiètent, me pressent de consulter un médecin en urgence. Je n'ai cependant aucune envie de me retrouver chez un praticien qui, comme le reste de ma famille, me prescrira un traitement à vie.

Il y a un souci avec… le corps. Le corps, cet étranger, ne va pas bien. Toujours pas.

Je rappelle maman, qui n'est pas loin de s'affoler :

– Va voir le médecin immédiatement, je t'en prie, Christine !

Je téléphone ensuite à Marc, qui me donne la confirmation ci-après :

– C'est grave, Christine.

Mais, puisqu'il me conseille, je me contenterai de sa prescription. Pas le temps d'aller chez le médecin !

***

Et puis, mes quatre-vingt-trois kilos. Record battu. Même pas peur, même pas mal. Quatre-vingt-trois, et alors ?

Jamais de ma vie une balance n'a affiché un poids si élevé. Trop lourd, risques cardio-vasculaires confirmés. De toute évidence, quelque chose ne va pas, ce quelque chose remonte loin dans le temps, au moins jusqu'à l'année 1981.

Ce jour où j'ai commencé à me cacher.

Le processus accélère.

Ma fatigue s'aggrave. Mes maux de tête aussi.

La carapace que je me suis fabriquée, ce cuir triple épaisseur, perd de son étanchéité et de son pouvoir d'immunité. Indéniablement, la femme à l'intérieur est au bout du rouleau. Et, cette fois, mon travail, ma vivacité intellectuelle allaient en pâtir. Le corps venant affecter ma capacité à travailler, à réfléchir, à réaliser mon émission quotidienne. Comment rester rédactrice en chef de *Face à l'info* maintenant que je suis dans l'incapacité de l'animer ? L'impact devait avoir lieu. Le moment est peut-être arrivé.

Ai-je encore les moyens d'ignorer les revendications de mon corps ?

Faire comme si nous étions différents, lui et moi. Comme si nous n'étions pas la même personne.

Alors que j'ai dix-huit de tension.

Alors que je pèse quatre-vingt-trois kilos pour un mètre soixante-dix.

Il est temps de changer. Mais changer quoi ? Mon mode de vie ?

Il m'a fallu identifier ce qui n'allait pas en moi. Je me suis installée et j'ai commencé à m'observer. À me regarder en face. Qu'est-ce qui pouvait bien me plonger dans cet état de fatigue extrême ? Cette illusion du bien-être dans ma tête mais pas dans mon corps ?

J'avais une vie pourtant comme les autres. J'étais une maman active, toujours en première ligne pour ma fille, toujours au front pour mon travail, toujours à répondre « oui » à mes amis.

Je n'ai jamais été une sportive, je n'ai jamais été végétarienne, je n'ai jamais été attentive à ma petite personne, j'ai commencé à m'interroger sur mon alimentation. Peut-être me fallait-il bien admettre que l'alcool ne me convenait plus. Étais-je alcoolique ? Pas du tout. Mon rapport à l'alcool est singulier, car je n'y ai jamais touché avant l'âge de trente ans. Ma mère n'a jamais apprécié de voir sa famille s'approcher d'une bouteille. Puis, petit à petit, j'ai cédé à la tentation. En réalité, pour mes matinales sur LCI, j'avais alors trente ans, j'avais constaté qu'un verre partagé avec mon mari me permettait de trouver le sommeil plus aisément. Mais cela remontait à vingt ans. Entre-temps, les soirées, les cocktails m'avaient familiarisée avec le champagne et le vin blanc ou le rosé.

Les occasions sont nombreuses qui invitent à fuir l'exigence de l'hygiène de vie. Je suis comme toutes les copines et amies que je fréquente depuis plus de vingt ans. Une coupette de champagne lors de nos soirées entre filles, un petit verre de rosé. Ça n'a jamais fait de mal à personne.

Pourquoi moi ?

Avec moi, l'alcool est toujours modéré, jamais de gueule de bois, je n'ai jamais dépassé les limites, j'ai l'habitude. Je maîtrise. Pas de raison de refuser une coupe de champagne. Je pense encore à Marc Menant qui hurle souvent : « Un verre, c'est un verre de trop. » Je ne bois pas beaucoup mais, comme toutes mes copines, à chaque sortie, régulièrement, l'alcool mondain intervient. Où serait le problème ? Une chose est sûre, c'est qu'après deux ou trois verres pendant une soirée on se sent bien, on s'endort, mais, vers 4 heures du matin, le sommeil vous déserte. Les yeux qui s'ouvrent dans l'obscurité !

Eh oui, déjà. La journée commence bien trop tôt, alors qu'on n'a pas son compte de sommeil. Les yeux ouverts ne se referment plus. Inutile d'attendre le marchand de sable, il ne passe plus dans ces eaux-là. Ne reste qu'à attaquer la journée avec l'aide d'une ou deux tasses de café. Me voilà lancée dans le cercle vicieux quotidien.

Alors, cette tension à dix-huit, cette incapacité à me mouvoir, cet oubli de comment je mets un pied devant l'autre pour marcher, n'est-ce pas mon corps qui dit : « Stop » ? J'aurais presque envie de lui répondre : « Ohé, ça va !

Deux verres ! Ce n'étaient que deux petits misérables verres. » Et mon corps riposterait :

– *Tu te fous de nous ou quoi ?*

– *J'ai toujours bien supporté l'alcool, jamais de gueule de bois ou quoi que ce soit.*

– *On t'a déjà dit ! On n'en veut plus ! Changement de régime !*

Mes épaules se haussent avec un dédain quasi aristocratique.

Je pense encore à Marc, qui, lui, ne boit pas une goutte d'alcool. Est-ce le prix de sa formidable énergie ? Son corps lui fout une paix royale. Jamais la moindre révolte. Sa voix tonitrue d'énergie et sa santé est éclatante.

Est-ce que je devrais arrêter l'alcool ? et les madeleines ? et les pizzas ? et les croissants ? les pains au chocolat ? les sandwichs ? tout ce que j'adore ?

Appliquer les conseils que mes amis me donnent depuis des années ?

C'est surtout Marc. Acharné, il a tenté à maintes reprises de me remettre sur les bons rails. C'est-à-dire de me faire prendre conscience du décalage qui existe entre mon corps et mon esprit. Il est si grand que mon corps et moi sommes devenus deux personnes assez distinctes.

Je devrais peut-être mettre en pratique les conseils de Marc.

***

La reprise du travail n'a pas été simple. Lundi 3 janvier 2022, je me bats, en quête d'énergie. Je me bats contre moi-même, arrivant à peine à avancer. Mercredi 5 janvier, je confie à mes gardes du corps que je me sens très mal, sans pouvoir expliquer pourquoi, sinon par cette hypertension artérielle.

– Ah, madame, je comprends mieux, me confie Gordan.

– Pourquoi ?

– Nous nous sommes passé le mot afin de vous surveiller un peu plus. Votre démarche, votre attitude, nous avions du mal à vous reconnaître.

– Comment cela ?

– Nous pensions, si vous permettez, que vous aviez pris des substances.

– Des substances ? Mais je n'ai jamais rien pris de ma vie ! Pourquoi ne pas m'avoir dit que je semblais anormale ?

– Nous l'avons constaté, mais ce n'est pas notre rôle de vous le dire, madame.

Double honte. Voilà que l'on me voit désormais comme une droguée. Je n'en reviens pas. Je n'ai jamais touché à quoi que ce soit, même pas fumé du cannabis ou une cigarette. Je leur dis :

– Regardez-moi bien, messieurs, dans un mois, cela sera terminé et je serai rétablie. Donnez-moi même trois semaines !

J'adore me challenger, mais par quoi commencer ? Puisque tout est à revoir ? Comment changer son quotidien ancré depuis tant d'années ? Comment sortir de sa zone de confort ? Comment faire face à soi-même ?

Oui, je dois appliquer les conseils de Marc.

Ce petit spécialiste de la santé me conseille pour mon hypertension de prendre des racines de pissenlit en décoction plusieurs fois par jour. Je m'y attelle. Je file au magasin bio, réclame ces plantes et commence à ingurgiter cette infusion dont le goût est des plus discutables. Trois fois par jour. Je n'ai pas le choix. Je dois avancer. Je dois travailler. Premiers pas. Chaque jour qui passait voyait ma tension baisser. Il m'a fallu huit jours pour retrouver mon classique 12/7 de tension. Premiers pas, première victoire. Pas de médicament à vie pour ma tension, non, pas tout de suite.

Le credo de Marc, « Esprit sain dans un corps sain », finira-t-il par déteindre sur moi, maintenant que j'ai reçu l'alerte maximale ?

Il y a beau temps qu'il me pousse à revoir mes habitudes : cesser de grignoter entre les repas, prendre soin de mon corps. Je l'entends encore me dire :

– Christine, pourquoi tu ne t'occupes pas de toi ? Tu n'as pas honte de ce que tu fais de toi ? Sois à la hauteur de qui tu es !

Je suis celle qui mange le paquet de BN en entier avec un grand bol de chocolat chaud, celle qui aime ses madeleines, ses pizzas, la vraie vie ; celle qui s'est vouée à son aspect intérieur au détriment de tout le reste ; celle qui ne supporte pas qu'on regarde autre chose que son cœur ; celle qui croit suivre les préceptes de son Église en négligeant son enveloppe corporelle. Or, revoilà Marc – je précise qu'il est athée – qui me confronte à ma foi.

– Christine, tu es croyante, mais tu n'utilises pas ce que Dieu t'a donné ?

Sur le moment, je ne comprends pas.

– Qu'est-ce que tu entends par là ?

– Il t'a donné un corps. Tu ne crois pas que c'est aussi pour en prendre soin ? Et si c'était un affront de ne pas s'occuper du corps que Dieu t'a donné pour abriter la vie ? Ta vie ? Tu fais tout le contraire de ce qui devrait t'amener à respecter la vie, ta vie.

Zut ! et s'il avait raison ? Et c'est un athée qui me rappelle ces fondamentaux ?

Croyante depuis l'âge de sept ans, j'ai passé mon enfance au sein des réunions à mon église avec d'autres de mon âge puis, avec les jeunes, j'ai dirigé la chorale et annoté ma bible (pour demander une petite sœur à Dieu…), et l'on me suggère que le corps et la spiritualité ne sont pas disjoints. Imbriqués ? Perturbant.

Fière de ne pas m'aimer. Je me suis enfermée petit à petit dans un corps que je cache, dans une foi qui me sert de pare-feu, de bouclier, pour justifier pourquoi je ne m'aime pas. Pourquoi je dois me cacher. Je me retrouve avec une enveloppe corporelle à choyer, mais jamais je ne me suis accordée avec cette définition. Toujours le culte de l'humilité. Le culte de l'éphémère. La peur de la vanité. Et pourtant… Si je suis croyante, qu'est-ce que je fais de ce cadeau que Dieu m'a donné ? de la vie ? de ce corps ? Ce corps a ses exigences pour être entretenu, pour tenir sur la longueur, il faut donc en prendre soin. Ne pas lui donner des éléments nocifs mais le chouchouter. C'est chouchouter la vie. C'est respecter ce cadeau que Dieu m'a fait d'être sur terre. Comme mon ami Marc, l'athée, m'invitait à le faire, j'ai mis du temps à comprendre que s'aimer, c'était aussi aimer Dieu. Se respecter, c'était aussi respecter la vie que Dieu nous a offerte. Ce souffle de vie si exceptionnel, si insaisissable, cette chance d'être là, à un moment donné, pour un moment donné. « Que fais-tu de ce que Dieu t'a donné ? » C'est ainsi que j'ai été cueillie par une question qui a résonné en moi pendant des jours, des nuits, des semaines… Dans un parking, en revenant de mon émission. Saisie sur place par la puissance de la question.

– Ton corps demande du sport, de l'entretien, le fais-tu ? m'interpelle Marc. Ton corps demande de l'exigence, où est ce niveau d'exigence ?

Alors que j'étais dans la logique de jouir de mon enlaidissement, d'être fière et de revendiquer ne pas m'aimer. Au nom de Dieu, je me suis enfermée dans la pudeur. Ce qu'il ne me demandait pas. Quelle est la limite entre la pudeur et la prise de conscience de la vie donnée ? Quelle est la limite entre le culte des valeurs intérieures et l'entretien d'un corps, temple d'une vie et d'un souffle qui m'a été donné ? Au nom de notre pudeur, doit-on s'emmitoufler et se couper de soi-même ? Étais-je dans la dignité de la vie ou dans l'indignité ?

***

Une semaine durant, je prends les plantes que Marc me conseille. Ma tension continue à baisser, je commence également à réfléchir à ma vie. Peu à peu, j'endosse les questions qui me sont posées, depuis des années, par mes amis et mes proches.

Pourquoi je mange si mal ?

Comment en suis-je arrivée à un tel état de délabrement ?

Marc aurait-il raison quand il me dit, aussi, que je m'abrite dans une sorte de coquille où, bien cachée, je suis dans l'évitement de certaines réalités ? Non contente des couches épaisses de ma carapace, je serais trop exigeante, bien trop dure avec moi-même. Un jour, après une émission dont je ne suis pas très satisfaite, Marc me le fait remarquer une fois encore :

– Cesse de toujours te critiquer. Pourquoi est-ce que tu te dénigres ?

De la même manière, se gaver de madeleines et de pizzas, comme je le fais encore, n'est-ce pas une forme de dénigrement de soi, qui passerait par l'action de réduire son corps à un estomac ? Une vulgaire panse ultra-extensible qu'on ne respecterait pas ? Tandis que je réfléchis à cette question, je regarde mes mains, mes jambes, mes pieds, et je ressens intensément la présence de ce corps qui n'est pas qu'un estomac, ce corps qui demande mon attention et requiert mes soins. Ce corps ne se résume pas à ce que j'accepte de considérer. Lui aussi a son intériorité : cœur, poumons, estomac, foie… et leur intime alchimie.

Ce constat m'amène à approfondir mon questionnement, à interroger cette relation toxique, une relation de quasi-maltraitance avec mon organisme fatigué. Je réalise peu à peu que, en effet, je n'ai rien mis en place pour *prendre soin* de moi. Oui, je me malmène, me pousse dans mes retranchements, tout en exigeant de moi-même une résistance sans faille. J'ai trop tiré sur la corde. Élimée par mon impitoyable exigence avec moi-même, cette corde qui me relie à l'existence continue de s'effilocher sous mes frottements avec la vie, sous mes luttes et sous mes frictions avec les difficultés. Je m'approche du point de rupture. Fabien me l'expliquait déjà après l'épisode du trou de mémoire en direct : jamais je ne me suis accordé de répit. Corps usé. Après moult alertes, mon corps réclame de l'attention. Il a sifflé la fin de la partie. Plus de compromis possibles, fin des arrangements illusoires.

Or, il se trouve que c'est une bonne nouvelle ! Un solide instinct de survie est ancré profondément en moi. Je suis une irréductible optimiste qui refuse l'abandon. En d'autres termes, un chemin existe même quand tout semble s'effondrer. Alors, je ne baisse pas les bras. Cette corde usée, je vais la rafistoler fibre après fibre, et quand elle sera réparée, je la renforcerai.

Pour commencer, j'arrête de me cacher derrière des excuses ou des comportements automatiques. Il est temps de me respecter, de ne plus me dégrader, de changer mon propre regard sur moi-même. De prendre mon enveloppe en considération. Pas de méthode miracle, juste un nouveau regard sur moi-même. Détruire ce mur construit au plus profond de moi à l'âge de douze ans afin de me protéger du regard des autres.

Assumer l'apparence que l'on me prête, mais que j'ai toujours niée, piétinée ? À cinquante ans, il est temps ! Marc me le répète sans cesse :

– Christine, accepte qui tu es ! Regarde ce que Dieu t'a donné ! Cultive tes qualités, donne plus de puissance à ton cerveau et tes neurones en t'arrêtant sur ton corps. Renverse tes habitudes de vie !

Et il ajoute souvent :

– Ne gâche pas tout en mangeant n'importe quoi.

***

Janvier 2025, je reçois le prix de l'élégance. Au préalable, j'ai laissé traîner les messages en me disant qu'on allait m'oublier. J'avais reçu deux années d'affilée le prix de la meilleure présentatrice télé, j'ai reçu aussi la plus grande distinction du grand prix humanitaire de France, j'ai été élevée au rang d'officier de l'ordre national du Mérite, reçu le prix Richelieu de la défense de la langue française. Toutes ces récompenses en cinq ans m'encourageaient, mais le prix de l'élégance me posait un problème. Je me suis souvenue de ce mur intérieur qui m'a tant protégée toute ma vie, mais qu'il était temps d'abattre. Continuer à abattre ce mur construit dans le harcèlement scolaire. J'ai accepté ce prix. Personne n'imagine ce qu'il représente pour moi. La destruction de cette emprise qu'avait le harcèlement scolaire sur moi. Depuis quarante ans, il m'avait façonnée, forgée.

Il m'a fallu du temps avant d'arriver à cette décision d'accepter ce prix, d'accepter qui je suis, d'accepter de me regarder en face, d'accepter de m'aimer telle que je suis. C'est une succession de petits changements qui m'aident à avancer vers moi-même. Revenons à ma prise de conscience. Tout cela n'est pas encore très clair dans mon esprit mais, en tout état de cause, je prends plusieurs décisions que je mets aussitôt en œuvre : les racines de pissenlit conseillées par Marc pour faire chuter ma tension, je m'impose un sauna par jour comme un besoin urgent d'éliminer. Éliminer quoi ? Briser ce mur au fond de moi, m'occuper de moi, enlever toutes les impuretés que j'ai accumulées dans mon organisme. Je fais de la place sur un agenda où il y a des rendez-vous avec tout le monde sauf avec moi-même. Je commence à me donner rendez-vous.

En commençant à penser à moi-même, je constate que le sauna est l'unique soin santé que je m'accorde depuis vingt ans une fois par mois. Je suis en recherche absolue de bien-être et je sais qu'il me faut débuter par ce que j'aime. À l'issue de chaque séance dans le yashidome, c'est son nom, je me sens aussi bien qu'après une heure d'exercice : mon rythme cardiaque légèrement augmenté, mes toxines s'éliminant par le biais de la sudation. Je ne sais pas si cela m'aidera pour l'hypertension, mais je me sens mieux après un sauna.

C'est la chaleur… douce chaleur… qui provoque une dilatation bienfaisante des vaisseaux sanguins, une meilleure oxygénation. Et puis, on se détend, on se reconnecte avec soi, on se rebranche sur l'instant présent, on se vide de ses pensées sombres et de ses toxines. Nos muscles et notre mental nous disent merci.

En ce qui me concerne, le sauna m'aide à me réconcilier avec mon corps, comme si, après l'avoir censuré pendant un demi-siècle, je lui accordais enfin un peu d'attention. Ces séances me font penser à une espèce de thérapie de couple, entre mon corps et moi. C'est décidé, j'y vais tous les jours ou tous les deux jours.

Je suis fière de mes premières décisions. Regarder mon agenda. Imposer un rendez-vous avec moi-même. Regarder qui je suis, ce qui aide mon corps à mieux travailler pour que mes neurones restent connectés. Je m'écoute. *Dis-moi où tu as mal, je te dirai pourquoi*[1], justement, je vais voir l'auteur de ce livre, le spécialiste Michel Odoul. Je suis déterminée à avancer, à me reconstruire, à détruire ce mur en moi. Puis à en construire un autre par le truchement de mon corps, ma santé. Je n'oublierai jamais ses mots étrangers sur mes maux :

« Est-ce que vous respirez ?

Est-ce que vous écoutez de la musique ?

Est-ce que vous écoutez le silence ?

Est-ce que vous vous reposez ?

Avez-vous appris à ne rien faire ? »

Chaque question me laissait complètement perplexe. Jamais je ne m'étais interrogée sur ces sujets. Je ne savais rien faire de ce qu'il suggérait. J'ai pris conscience du vaste terrain qu'il

1. Michel Odoul, *Dis-moi où tu as mal, je te dirai pourquoi*, Albin Michel, 2022.

me reste à explorer. Ce n'était même pas seulement une question d'agir, mais qu'essayait-il d'exprimer vraiment ?

Il me fallait prendre conscience de tout : mon alimentation, mes gestes, mon environnement de stress permanent, même si mon métier me plaît. Le chemin qu'il me reste à parcourir est immense mais, heureusement, le corps est une formidable machine que l'on peut reprogrammer à tout moment.

Mon scan personnel continue. Tous me disent d'arrêter l'alcool. Les spécialistes que je croise, mes amis, me rappellent qu'il s'agit de sucre en puissance et qu'il entraîne la non-maîtrise de ses émotions. Mon alcool était devenu mondain, jamais trop, mais régulier, avec une petite coupette en sortant avec les amis, pas de quoi en faire un drame. Mais je veux m'imposer ce challenge du zéro alcool et je me lance. Arrêter net, pour mieux maîtriser la consommation dans un deuxième temps.

Un grand pas ! Évidemment, je tiens deux ou trois jours et je cède à la tentation d'un bon verre de vin. Puis je reprends le « sevrage », déterminée, et ce défi que je veux relever. Cette fois, je tiens. J'en suis si fière ! Peut-être est-il temps d'embrayer sur la caféine ? Et si j'arrêtais aussi le café ? Ce délicieux poison qui m'a tant de fois tenue debout quand le corps me suppliait de rester couchée ? On dit du café qu'il vous donne un coup de fouet, comme s'il était normal de se donner des coups avec un fouet. Stop à la maltraitance ! Mon cardiologue me le conseille.

Je me prive de ce nectar un jour, deux jours, trois jours. Pour tout dire, le résultat n'est pas très concluant. Mes yeux, auparavant trop ouverts dès 4 heures du matin, se ferment tout seuls à 19 heures. En plein direct. Cela boosterait vraisemblablement ma vigilance au cours de l'émission… mais pas question de m'endormir sur le plateau, devant quelques centaines de milliers de téléspectateurs ! Il serait judicieux de trouver une nouvelle stratégie.

Et si j'arrêtais le café un jour sur deux ?

Cette méthode, lever le pied progressivement, me réussit. C'est le bon cheminement. Décider de revoir son mode de vie trop brutalement ne donne pas toujours de bons résultats. Ma détermination me joue des tours. Je suis résolue, mais cette motivation ne dure que quelques heures par jour. En réalité, il s'agit aussi d'être tolérant avec soi-même. Vous craquez pour un paquet de madeleines alors que vous vous êtes interdit d'en manger depuis une semaine ? Allez, foutu pour foutu, vous allez en manger deux autres... Vous êtes Sisyphe qui voit toujours retomber son rocher du haut de la montagne escarpée. Tel ce roi astucieux, vous allez trouver le courage de recommencer, vous allez fournir les efforts nécessaires jusqu'à ce que ce fichu rocher tienne debout au sommet de la montagne.

Ma reconstruction, si je puis dire, est un combat de chaque jour, et j'y trouve des encouragements au-delà de mon entourage immédiat. En particulier dans la bouche d'un écrivain dont j'entends le témoignage à la télévision. Cet homme parle de la répugnance qu'il a longtemps eue pour lui-même : ayant des parents protestants, il avait appris à ne pas s'aimer, à ne pas aimer son corps. Ses mots résonnent et continuent de nourrir ma réflexion sur ce lien, resserré, entre spiritualité, foi en Dieu et rapport au corps.

Tous les spécialistes de la santé et les médecins rappellent que renouer avec sa santé ne se résume pas en pilules, en vitamines, en traitements en poudre miracles, mais dans le respect que l'on a pour le corps qu'on habite. Respect, prudence et modération sont les maîtres mots d'une bonne relation entre soi et soi. Ma prise de conscience à ce sujet s'est donc amorcée depuis un certain temps, mais prendre conscience ne veut pas dire accepter. Or, depuis que mon tensiomètre a affiché son bon dix-huit, depuis qu'un juge m'a reconnue victime de harcèlement, je suis sur la voie de cette acceptation. Il s'agit aussi d'une réconciliation : mon corps devient mon meilleur ami. En tout cas, j'essaie d'avancer en ce sens. J'en reviens à cette vie et à ce que Dieu nous a donné, comme le soulignait Marc l'athée, ce capital que l'on piétine trop souvent.

J'entame de nombreuses discussions en ce sens avec mon père et ma mère : toute notre vie, nous avons vécu dans une spiritualité que nous définissions comme se détacher du corps, se consacrer exclusivement à l'âme, à la foi, au plaisir de Dieu. Et si nous avions oublié l'essentiel ?

– Dieu nous a aussi donné un corps, dis-je à maman. Peut-être qu'on devrait cesser d'oublier notre corps.

Troublée et pensive à la fois, maman m'écoute, et aussi papa : Dieu nous a donné la vie, il nous a fait naître, nous a offert le souffle de vie. Et, avec cela, il nous a donné un cœur, des reins, un estomac, un côlon, un foie… Qu'en faisons-nous ? Je répète en boucle cette réflexion afin de me permettre d'avancer moi-même. Quel camouflet pour la vie que de vous avoir donné un corps, un cadeau, et de vous voir le négliger sous prétexte que l'apparence ne compte pas et que seul le culte des qualités intérieures compte. La paix, la joie, la patience, le respect des autres, l'amour de son prochain, la maîtrise de soi. Cela ne suffit pas. Il faut abriter son intérieur dans un extérieur solide. Notre corps est un temple.

Cette idée – le corps est un temple – change ma vie. Grâce à Marc.

Elle m'aidera à avancer, en tout cas, je l'espère. Un long apprentissage m'attend : aligner peu à peu les différents aspects de ma personne.

Plusieurs mois sont passés depuis l'alerte au tensiomètre, c'est l'époque de la rentrée, septembre. Dans la presse, j'ai l'occasion d'évoquer différents thèmes liés aux médias, aux actualités, aux défis de la télévision, mais plusieurs personnes me font alors remarquer que c'est ma perte spectaculaire de poids qui interpelle dans mes interviews.

« Comment ai-je réalisé un tel exploit ? » Pour moi, il ne s'agit certainement pas d'un exploit. La perte de poids a été la première conséquence visible de mes prises de conscience. Première marque de cette réconciliation avec moi-même. Une perte de poids, paraît-il phénoménale, mais je ne regarde pas la balance, je me concentre uniquement sur ce que je mets dans mon corps, car je veux un esprit sain. Mes yeux sont rivés sur ce que je mange et comment je traite mon corps. Il réagit en perdant du poids. C'est surprenant. Ce n'est pas ce que je lui ai demandé, ce n'est pas ce que je recherche, je recherche la santé, la vitalité, la connexion entre mon corps et mon esprit. Il me répond, je change de forme.

Je ne me suis pas mise au régime. Je n'ai pas voulu « perdre des kilos pour être belle en maillot ». Cela peut sembler étrange, depuis mon épisode de harcèlement scolaire au collège, le poids n'a jamais été une réelle préoccupation pour moi. Il m'est arrivé de porter des tailles 44-46 sans le moindre complexe. J'étais bien dans ma peau. Je croyais l'être. Jusqu'à ce que je me rende compte que je ne pouvais plus courir après ma fille pour l'emmener à l'école le matin. Que je m'essoufflais en montant un escalier. Que les balles de tennis me narguaient… Qu'il m'était impossible de dépasser le premier étage, tandis que Marc, quelques années de plus que moi, grimpe les marches comme un jeune écureuil jusqu'au quatrième. Ne fallait-il pas se remettre en question ? Donner à mon corps ce dont il avait besoin pour mieux fonctionner, pour mieux m'occuper de ma fille. Après cinquante ans, ma santé est devenue l'enjeu prioritaire. Donc, vingt kilos de moins. Peut-être. À ceux qui me demandent ma recette, je réponds :

– J'ai arrêté le sucre et l'alcool.

Cette déclaration au Buzz TV Figaro a déclenché un incroyable buzz, c'est le cas de le dire. Ce sujet sur ma santé suscite un intérêt étonnant avec ces nombreux téléspectateurs qui m'interpellent concernant leur bien-être. Je me rends compte que nous sommes très nombreux à partager la même préoccupation : comment traverser l'existence en se faisant du bien plutôt que du mal, comment apprendre à s'aimer plutôt qu'à se reprocher ce que les autres haïssent en vous ?

Comment le sucre vous détruit en prétendant vous consoler.

L'important n'est peut-être pas de tout supprimer, mais pour mieux maîtriser l'alcool et le sucre, j'ai d'abord tout mis de côté pendant un certain temps. Le sucre ? Il est partout. Dans le pain de votre petit déjeuner, les pâtes, le riz, les pommes de terre. Est-il nécessaire d'en rajouter avec des gâteaux, du chocolat, des chips ou des produits ultra-transformés ? Je me cantonne au sucre ajouté. Mais je garde les féculents, riz, pâtes et pommes de terre, sinon je crains de ne pouvoir tenir bien longtemps.

Aux Antilles, en Guadeloupe, les maladies touchent ma famille et mes amis et reviennent en boucle, toujours les mêmes : hypertension, diabète, cancer… Où que la tête se tourne, on observe des cas plus ou moins graves. Mais d'où vient cette recrudescence de cancers ? de diabètes ? d'hypertension ? Quand j'étais jeune, nous mangions la salade du jardin, mes parents m'avaient inscrite à des cours de sport réguliers. Du reste, ma mère avait ce tableau, chaque jour le menu, afin de garantir un équilibre alimentaire. Mais qu'étions-nous devenus ensuite en Guadeloupe ? Portés par les boissons sucrées, les sodas, encouragés par la « mode » d'être ronde, sans penser aux conséquences pour la santé : ces légumes que l'on ne cultive plus mais qui viennent de Belgique ou d'ailleurs. Plus les légumes viennent de loin, moins ils sont chers. Mange-t-on encore des légumes en Guadeloupe ? Cultive-t-on encore dans son petit jardin à domicile ces quelques pousses de salade verte, de tomate, de melon, de concombre ou de giraumont ?

Non, nous avons cédé à l'appel des sirènes extérieures.

Nous avons délaissé nos aliments pour la malbouffe, le hamburger, en oubliant notre propre identité : les madères, le coco, l'arbre à pain, la tomate, la banane. Il faut dire que nos sols ont été empoisonnés par le chlordécone, ce pesticide interdit dans le monde, sauf aux Antilles, pour la culture de la banane. Il est vrai que s'occuper de sa santé devient alors un vrai sujet et le fruit d'une longue et profonde détermination. S'occuper de soi, c'est aller à contre-courant de tout et de tous. C'est extrêmement difficile, mais cette rébellion, je peux me l'approprier, moi qui aime être à contre-courant. J'essaie de me motiver pour oser aller contre tous. Mais ce n'est pas simple.

Un soir de juillet, avant de partir en vacances, nous dînons avec l'équipe de mes Mousquetaires, mes chroniqueurs. Marc Menant, Charlotte d'Ornellas, Gabrielle Cluzel, Mathieu Bock-Côté, Clara Lola, France et Virginie, qui sont aussi avec nous. Je me jette sur les gougères au fromage. Toute mon équipe sait qu'il faut me laisser ces gougères. Marc m'engueule.

– Ça y est, c'est parti pour le dîner de la dictature ! je lui lance.

Il se renferme, en se disant qu'il déteste ces moments de tentation au restaurant, mais ne vient que pour la convivialité. En entrée, je prends des légumes, en plat, du poisson, et je ne prends pas de dessert. J'espère obtenir les félicitations de Marc, mon complice. Mais il se passe quelque chose d'inattendu. Virginie propose à Charlotte de goûter aux petites mignardises au chocolat qui accompagnent les desserts et les cafés. Charlotte, équilibrée, semble, elle, savoir quand il faut manger et quand il faut s'arrêter. Elle refuse poliment en poursuivant sa discussion avec Mathieu. Virginie me propose, je dis non, et Marc me regarde. Virginie insiste, comme aurait fait n'importe qui à table avec vous :

– Mais goûte, ce n'est pas ça qui te fera grossir !

Je me dis que je suis la seule à savoir que je ne cherche ni à grossir ni à maigrir, mais à détruire ce mur construit lors du harcèlement scolaire pour me protéger. Je cherche à avoir une santé apte à faire face à ce que je fais subir à mon corps au quotidien dans mon travail, en permanence plongée dans le stress.

– Non, Virginie, je ne veux pas de sucre ce soir.

– Non mais goûte, ça ne te fera rien du tout !

Nous y voilà. Je venais de dire que Marc était le dictateur de l'hygiène, mais j'avais trouvé pareil de l'autre côté, la dictature du « fais comme tout le monde ». Marc et moi éclatons de rire en expliquant comment nous nous étions promis d'être à l'affût de ces petites voix qui vous empêchent d'être fermes, vous empêchent de tenir vos décisions, de vous occuper de vous, au détriment du regard des autres. Oui, Christine, au détriment du regard des autres. J'ai ressenti au plus profond de moi que mon mur était tombé. Que le regard des autres n'avait plus d'emprise. Que j'avais déplacé mes forces et les avais mises dans mon corps, que j'avais réussi à aligner ce que je suis et ce à quoi je ressemble. Virginie a éclaté de rire avec nous et a partagé ses mignardises avec les autres, tout en nous félicitant de tenir bon.

Oui, il faut que je reste bien en conscience, car deux yeux m'observent.

***

Je veux que ma fille grandisse alignée. Je veux arriver à faire du sport avec elle. Je veux avancer pour elle. Je veux qu'elle grandisse avec ce discernement que nous avons perdu. Discerner ce qui est bien ou mal pour son corps en faisant abstraction du regard des autres. En restant concentrée sur ses propres artères, sur ce dont le corps a réellement besoin. Tous les mercredis, je prends le temps de déjeuner avec Léa. Un jour, à la fin du déjeuner, j'improvise une histoire, mais j'étais loin de penser qu'elle allait bouleverser sa vie.

Il était une fois ma Léa, tentée par les bonbons, les gâteaux et le chocolat, comme tous les enfants.

– Ma chérie, lui dis-je, ton corps est rempli de cellules, des milliards de milliards de petites cellules. Je leur donne des prénoms. Tu as Théo, Hugo, Alice et Léna.

Rien de mieux pour attirer son attention. Je personnalise chaque cellule et fais vivre les personnages. Elle qui dit tout le temps qu'elle mime parce que je suis hors norme, folle et trop rigolote. Bon… Léa est bouche bée. Des milliards, c'est déjà difficile à concevoir. Mais des milliards de milliards, ça n'existe pas. Je reprends :

– Ce sont ces cellules qui te permettent de toucher, de voir, d'entendre, de digérer, de marcher, de faire pousser tes cheveux, de sentir, d'avoir du goût. Elles sont essentielles à tout ce que tu fais.

Je marque une pause pendant laquelle je me fais la réflexion que maman, ma maman, m'avait appris à cultiver dans le jardin, à planter, à récolter, à manger des légumes et manger équilibré, et moi, maintenant, avec ces aliments transformés qui nous envahissent en une génération, tout a changé et je reviens au discernement avant tout acte. La prévention avant l'action. Je raconte donc ce corps à Léa, dans toute sa poésie cellulaire.

– Imagine, Léa…

Elle se représente toute la complexité et la miraculeuse beauté du corps. Le sourire aux lèvres, je poursuis avec de nombreux gestes et éclats de rire tout en parlant sérieusement :

– Tes cellules sont comme les soldats d'une petite armée qui travaillent sans relâche. Tu te fais un petit bobo à la main gauche ? Aussitôt, elles se mobilisent. Garde à vous ! Allez, on y va ! On répare ça en vitesse ! Théo, Alice, prenez vos équipes et on se met au travail.

Léa pouffe. Tout le monde nous observe dans le restaurant. Je crois que mes gestes sont très visibles mais semblent incompréhensibles pour qui nous regarde. Je prends un infini plaisir à broder cette histoire entre nous.

– Chacune de ces cellules a un rôle bien précis, tu sais. Enfin… à peu près. L'une nettoie, l'autre reconstruit, une troisième surveille.

– Est-ce qu'elles ont une commandante ?

– Oui, bien sûr ! Mais si tu bois trop de Coca ou que tu manges trop de gâteaux…

– Comme toi ?

– Moi ? J'en mange beaucoup moins qu'avant, moi !

– C'est vrai.

– Oui, parce que, si tu manges trop de trucs sucrés, tes cellules s'épuisent ! Elles commencent à dire : « Oh, non, on n'y arrive plus ! Elle nous donne trop de sucre, on est fatiguées ! »

– On n'arrive plus à monter l'escalier !

– C'est exactement ça, Léa.

– On n'arrive plus à se lever le matin !

Nous rions toutes les deux de bon cœur.

– Et non seulement les cellules s'affaiblissent, Léa, mais certaines finissent carrément par mourir.

– Carrément ?

– Oui, carrément.

Ses sourcils qui se froncent assombrissent un peu son visage :

– Mais… est-ce qu'il en reste des vivantes ?

– Heureusement ! Mais elles se posent quand même des questions : « Est-ce qu'elle va enfin nous donner autre chose pour qu'on puisse tenir ? »

Léa hoche le menton, je suppose d'approbation. Je m'égaye :

– Par contre, quand tu manges du vert – une salade, une carotte, une pomme, un brocoli –, là, c'est la fête dans ton corps ! Les cellules crient de joie : « Hourra ! elle nous donne ce qu'il faut ! » Elles se remettent au travail et font du bon boulot, elles nettoient ton corps, elles t'aident à mieux te concentrer en classe, à apprendre plus vite, à mémoriser une poésie sans difficulté. Elles sont en pleine forme et te le rendent bien. Tu obtiens assurément de meilleures notes en cours. Tes cheveux poussent…

Nous achevons notre déjeuner, la question du dessert se pose. Bonbons, gâteaux, chocolat ?

Léa est tentée par du chocolat. Ce n'est pas la première fois. Ce ne sera pas la dernière.

– Maman, tu penses que je peux ?

Je lui réponds :

– C'est toi qui décides.

Ce sera chocolat. Mais juste un carré.

Ce n'est pas qu'elle se soit interdit d'en manger davantage ou que je ne l'y aie pas autorisé. Ravie, elle suçote son petit plaisir sucré en conscience et ne boude pas son plaisir. Car il est rare et précieux.

Voilà, je n'ai plus qu'à m'appliquer cette morale à moi-même.

L'apprentissage pour elle sera plus rapide. En ce qui me concerne, j'ai un demi-siècle de retard à rattraper. Ce déjeuner a bouleversé la vie de ma fille. Je ne l'ai plus jamais surprise à foncer sur du chocolat comme avant, elle préfère la soupe aux pizzas, les légumes aux hamburgers, mais de temps en temps se fait plaisir. Je l'envie, cette petite. Je suis admirative de sa capacité à décider. Sa capacité à s'exécuter. Sa capacité à tenir ferme et rester déterminée. Il faut que je prenne exemple sur elle. Que j'avance pour elle. Je me dis que je dois préparer Léa à tout type de harcèlement scolaire qui peut arriver. Dans très peu de mois, elle aura elle aussi douze ans.

***

Car ce n'est pas parce que des harceleurs vous ont insultée sur les murs du collège, ce n'est pas parce que leur regard mensonger vous a blessée qu'il faut *vous aussi* maltraiter votre corps, le fuir comme s'il n'était qu'une enveloppe vaine. Quatre décennies durant, j'ai infligé des souffrances à mon corps en ne le soignant pas, en le négligeant. Est-ce que ce n'était pas donner raison à mes chers harceleurs ? Est-ce que je ne faisais pas comme eux ? Me punir d'être l'objet du harcèlement ?

Quand je regarde en arrière, je réalise à quel point, depuis mes douze ans, j'ai vécu comme si la vie n'était qu'un processus organique, bassement automatique. Mais non, la vie est un cadeau. Je me le répète souvent pour ne pas l'oublier. La vie est un cadeau précieux à chérir, à entretenir. J'ai ignoré, bâclé, négligé, piétiné tout cela. Longtemps, je suis passée à côté de cette simple vérité. Je prends souvent l'exemple d'une voiture.

Une voiture ne roule pas sans essence, sans huile ou sans eau. Elle a besoin d'être nourrie avec le bon carburant, diesel, essence, électricité, personne ne le conteste. Qu'est-ce que le corps si ce n'est notre propre véhicule ? Je m'applique instinctivement à donner le bon carburant à une voiture et je négligerais mon propre véhicule ? Celui qui me véhiculera toute la vie ?

On m'avait pourtant bien prévenue ! Karine Le Marchand, Fabien, Marc Menant, Frédéric Saldmann, Michel Odoul… Seulement, il faut le temps de réaliser, n'est-ce pas ? Ainsi m'aura-t-il fallu passer de l'autre côté de la cinquantaine, la ménopause et toutes les étapes de bouleversement du corps depuis mon adolescence pour enterrer la hache de guerre qui nous opposait, mon corps et moi, apaiser nos tensions et hypertensions, rétablir un semblant de dialogue et d'harmonie dans ce duo. Il n'est jamais trop tard pour bien faire, jamais trop tard pour apprendre les rudiments de la vie, d'autant que je les connais déjà puisque je les enseigne à Léa : le corps est cette identité multiforme constituée de petites cellules vivantes. Elles appellent au secours.

Pour jouer mon rôle de mère, je *dois* prendre soin de moi. Sans forme physique, pas d'accompagnement possible d'un enfant. Aider Léa me sauve. Une éducation bien ordonnée commence par soi-même. S'éduquer, ou se rééduquer, n'est-ce pas aussi une façon de prendre soin de soi ? Prendre soin de soi semble également un préalable indispensable à prendre soin des autres.

Quelques mois après mon dépôt de plainte, « Monsieur Harceleur », un certain Patrick K. dont je connais maintenant tout, son adresse, sa vie, est jugé. Il se défend avec toute la mauvaise foi dont son avocat est capable, tirant toutes sortes de ficelles visant à me faire passer pour la coupable. Mais il ne vient pas à son procès. Comprenez-le, ce n'est pas sa faute, Christine Kelly l'a poussé à bout, Christine Kelly, c'est le groupe Bolloré, Christine Kelly, c'est l'extrême droite, les traditionnelles fausses vérités devenues systématiques pour vous décrédibiliser.

Cet Africain voit en moi du racisme. Il ne m'a jamais rencontrée, mais c'est moi, la raciste, et c'est lui qui m'insulte depuis plus de deux ans sur tous supports. C'est un mode d'inversion des valeurs, où les racistes vous accusent d'être des racistes pour mieux cacher leur propre haine. Accuser de racisme ceux qui ne pensent pas comme vous est devenu un sport national. Dès que vous êtes victime de haine, vous êtes accusé de haine. C'est assez systématique. Voilà qui adoube et multiplie vos harceleurs et qui leur donne le droit de déverser leur propre haine. « Monsieur Harceleur » et son conseil jouent de l'inversion accusatoire caractéristique des persécuteurs : c'est votre faute s'ils vous brutalisent, car, en vérité, c'est *vous* qui les brutalisez. Et puis, n'exagérons rien, il ne faudrait pas prendre cette menace au pied de la lettre, il ne s'agissait que d'une métaphore, voyons. Et vous y voyez de la brutalité ? Et la liberté d'expression, alors ? Décidément, oui, l'inversion accusatoire a tous ses rouages.

En dépit de ces grossières manœuvres d'évitement, de diversion et de disculpation, « Monsieur Harceleur » est finalement condamné. Le juge prononce la sentence devant moi, en présence de mon avocat, dont le soutien aura été indéfectible.

Reconnu coupable, il écope de la peine maximale prévue pour le harcèlement en ligne.

Son amende de dix mille euros s'accompagne d'une interdiction de m'approcher, tant physiquement que sur les réseaux sociaux.

Les larmes me montent aux yeux. La reconnaissance de cette culpabilité, déjà ébauchée lors de mes audiences à la police judiciaire, dénoue quelques-uns de mes verrous intérieurs.

J'ai aimé que le magistrat voie clair dans le jeu de « Monsieur Harceleur ».

Qu'il ne se laisse pas manipuler.

J'ai gagné.

La démocratie a gagné.

Jamais je ne remercierai assez ce magistrat qui a simplement fait son travail : reconnaître les faits. D'autres magistrats ont eu l'occasion lors de procès d'écraser mes plaintes pour diffamation, de laisser mentir à mon sujet sans condamner les auteurs, car, selon eux, ils ne me sentaient pas salie par les mensonges. Il m'est donc arrivé de voir des menteurs confortés dans leurs mensonges, car la loi ne punit pas le mensonge mais la diffamation. Si moi je me sens diffamée, un juge peut penser que je ne le suis pas et laisser ainsi divulguer de fausses informations. La justice française dans toute sa splendeur. Loin de moi la volonté d'essentialiser, justement, ce magistrat venait de me réconcilier avec la justice.

Si « Monsieur Harceleur » avait été acquitté, cela aurait légitimé les persécuteurs qui projettent sur vous leurs propres fantasmes et vous jugent selon une idéologie qu'ils vous prêtent dans le seul but de nourrir leur haine.

Affamés de haine, il leur faut des cibles principielles, dont ils ne sont jamais rassasiés.

Parce que, finalement, on se demande : est-ce que le mal est puni, à un moment ou à un autre ? Dans cette affaire, le magistrat m'apporte une réponse salutaire en me reconnaissant « victime ». Cette fois, la victime, c'est moi. Je n'en ai pas l'habitude, je m'interdisais même de le concevoir, par conviction personnelle, mais aussi, je dirais, par une sorte de déontologie professionnelle. En ma qualité de journaliste, j'assiste à toutes sortes de procès et suis coutumière de ce besoin d'être reconnu comme une victime. Cette nécessité, je l'ai souvent vue s'exprimer, mais je ne l'avais jamais éprouvée dans ma chair, jamais je n'avais ressenti à quel point elle était vitale. Un juge qui vous reconnaît comme une victime vous dit : « Je sais qui tu es. »

Derrière le magistrat qui vous voit en toute transparence, c'est la société qui vous identifie et fait corps avec vous. Oui, tu existes, tu n'as pas mérité ce qui t'est arrivé ; oui, ce que tu décris t'est réellement arrivé et c'est inadmissible ; non, tu n'es pas coupable, tu n'es en rien responsable. Nous sommes avec toi, derrière toi, nous te protégeons.

Voilà comment je le réalise enfin : je suis une victime. Je l'accepte. Car, non, rien de ce que j'ai subi, de mes douze ans à ce jour, n'est acceptable. Personne ne mérite d'être traité de cette manière. Oui, c'est du harcèlement. Comme lors de mes douze ans.

« Prends soin de toi.
Pourquoi tu as peur d'être belle ? »

Ces mots, je crois, s'adressent à beaucoup d'entre nous.

MON BOUCLIER

Moi qui ne m'étais jamais préoccupée de mon stress et n'avais pas de moyen de décompresser, je me suis lancée dans la marche. J'ai fait la découverte du bien-être, qui passe par la décompression.

Ma vie s'est réorganisée différemment.

Je marche tous les jours. Une demi-heure ou parfois une heure. Il m'arrive même de courir. Aujourd'hui, par exemple, j'ai couru trente-cinq minutes. Ma foulée n'est pas très rapide, mais j'ai tenu trente-cinq minutes. Quelle fierté pour moi qui n'ai jamais réellement couru ! L'effort physique contribue à apaiser mon stress, me procure un esprit clair et ce sentiment d'accomplissement qui vous redonne confiance en vous.

Avant ma prise de conscience du fossé que j'avais creusé entre mon corps et mon esprit, avant de décider de les réconcilier, je n'aurais jamais imaginé courir, ne serait-ce que cinq minutes.

Bien sûr, il m'arrive encore de céder à la tentation d'une énorme pizza ou de me laisser aguicher par des madeleines au bon goût de beurre. Mais le lendemain… oui, salade. J'ai progressé. Un pas après l'autre. Je ne serai jamais parfaite, mais j'essaie. Et je recommence. Prendre soin de soi offre une multitude de possibilités adaptées aux besoins et aux préférences de chacun : sport, culture, méditation, alimentation équilibrée, moments de détente ou loisirs épanouissants, promenade dans les bois en famille… Chacun peut trouver sa propre recette afin de cultiver son bien-être et son équilibre personnel. Personnellement, j'ai une prédilection pour la marche, le sauna et les massages. Mon coach de sport vient une fois par semaine. Patrick Havenel m'oblige à me dépasser. Un peu de boxe, un peu de renforcement musculaire. J'ai compris une chose, pour me faire travailler, il ne faut jouer que sur mon mental afin que mon corps suive, pour que j'oublie la souffrance. Le chemin est encore long.

Emma est ma masseuse. Elle arrive toujours avec le sourire, mais j'avoue que, parfois, je lui demande si elle ne s'est pas trompée d'adresse parce que j'ai besoin de temps pour travailler, pas le temps de me faire masser. Avec sa patience, elle a réussi à me dompter. Sylvie, ma naturopathe, elle aussi fait partie de mes piliers. Ses vitamines, ses conseils, ses ateliers pour faire face au stress. Stéphan Jaulin et son institut sont mes plus anciens conseils de santé. J'aurais dû l'écouter plus tôt. Vingt ans plus tard, j'applique ses conseils pour maîtriser le sucre, pour l'herbe de blé, pour le yashidome. Je m'appuie sur cette équipe que j'ai construite autour de moi. Mais rien ne vaut ma propre détermination à avancer.

Marche, massage, sauna. Autant d'occasions de me poser dans l'instant, de me réapproprier mon corps en m'appropriant le présent. Présente en moi-même, corps et âme alignés, je prends du recul, je respire… et je replonge dans mes dossiers, gonflée d'énergie et des bonnes ondes que je m'efforce de diffuser. Quand je travaille, du matin au soir, je suis immergée dans un bain de stress invisible. J'ai beau essayer de maîtriser le stress engendré par les informations violentes, brutales, anxiogènes, démoralisantes, je me rends compte que c'est plus difficile que je ne le crois. Et puis, je m'imagine tel un sportif de haut niveau, comme mon amie Christine Aaron, qui, au moment des entraînements et des compétitions, donne le meilleur d'elle-même, quitte à se blesser. Mais quand elle se pose, elle soigne ses blessures. Plus vite elle soigne ses blessures, plus vite elle peut retourner aux entraînements, plus vite elle peut s'améliorer en course de vitesse. C'est pareil pour un footballeur. C'est dans ces pauses, en dehors de tout entraînement, que se joue la différence. Elle est au repos mais soigne ses muscles, ses blessures, son corps si sollicité.

De la même façon, je souhaite m'obliger à me soigner dès que je ne suis pas au travail. Soigner mes blessures. Soigner mes muscles, me vider du stress et appliquer mon triptyque : marche, sauna, massage.

J'évoquais un peu plus haut l'esprit sain dans un corps sain, et j'ajoute qu'en ne s'occupant que de sa capacité à être efficace, à travailler, à produire, le mental peut lui aussi être oublié. Cette hygiène mentale est à rechercher, à préserver. Veiller à mettre un gardien à la porte de son esprit qui est la gratitude, l'évacuation des pensées sombres, la recherche et la culture du bonheur. Les spécialistes de l'hygiène mentale insistent sur le fait de veiller à avoir des relations sociales de bonne qualité, avoir des passions, des engagements dans la vie, son travail, les arts, les loisirs. La foi est connue pour être un facteur de bonne santé mentale, quand on la cultive, évidemment. La psychologie positive s'exerce comme un muscle. Ces mêmes spécialistes inventent les moyens de prendre soin de son corps en vue d'une bonne santé mentale, grâce à de l'exercice physique. Le cerveau est un organe fragile. Si on ne le protège pas, on génère des dérèglements émotionnels et de la pensée.

Treize millions de Français chaque année sont concernés par un trouble psychique. Le trouble de la santé mentale le plus fréquent est l'anxiété, 10 % de la population. Il y a aussi la dépression : perte de moral, de goût, de sommeil… les troubles peuvent aller jusqu'à la schizophrénie. De plus, 24 % des jeunes disent être dans un état anxieux en France, un chiffre qui a augmenté. Certains méditent, d'autres prient. Mais, chaque jour, je m'applique à tenter d'y faire face.

Bien entendu, tout cela ne s'est pas fait en un jour. Certains d'entre nous sont plus résistants que d'autres et nous ne récupérons pas tous notre tonus à la même vitesse ni dans les mêmes proportions. Cependant, être à l'écoute de son corps est le plus beau cadeau que l'on puisse faire à soi-même et à ceux qui nous aiment. Ainsi qu'à nos enfants, qui ont tant besoin de parents en forme.

Élever un enfant comporte des devoirs qui dépassent le simple fait de l'aimer. Nous n'avons aucune obligation de résultat, bien sûr, mais, *a minima*, donnons-nous les moyens : faisons notre possible pour être là, accompagner, transmettre, montrer par l'exemple comment prendre soin de soi, de sa santé. Leur apprendre à s'aimer parce qu'on a appris à s'aimer soi-même.

Et cette Kelly affichée sur le mur du collège… m'a-t-elle jamais quittée ?

Quarante ans après, cette insulte ne me colle plus à la peau, non, mais elle fait partie de ma vie et de mon chemin de construction. J'ai appris à faire face à mes faiblesses, mes forces, mon passé, pour mieux appréhender mon présent.

Grâce aux différentes alertes de ceux que j'ai croisés sur mon chemin, j'ai fini par faire sauter mes verrous. J'ai ouvert, petit à petit, les portes derrière lesquelles mes blessures se planquaient. C'est moi qui les cachais. Moi, la *doeuse*, la battante, je ne pouvais les affronter. Pendant un demi-siècle, je me suis raconté que ce n'était pas grave.

Je me suis fabriqué une sorte de petit nid douillet où je m'enfermais, sans me rendre compte de quoi que ce soit. Je me cachais peut-être derrière mon hyperactivité et mes engagements. J'avais l'esprit trop occupé pour prendre le temps de me poser et de penser. Lancée à toute vitesse, je conduisais ma vie en état d'ivresse et ne prenais jamais le temps de m'arrêter. Jusqu'à ce que j'y sois obligée, pour raison de santé.

La vie, désormais, est une constante amélioration de ma personne. Au-delà de ma santé retrouvée, je me dis chaque jour : *Qu'as-tu fait aujourd'hui pour devenir meilleure ? Que vas-tu laisser à ta fille ? Que veux-tu lui montrer ? lui donner ?* Le cadeau que je veux tenter de lui offrir est d'être en phase avec elle-même. Lui épargner les quarante années que j'ai perdues à m'oublier, à me dissocier de moi-même. Elle qui aura bientôt douze ans, elle aussi.

Je me suis crue le saumon nageant à contre-courant. Sans doute, je le suis, mais j'ai aussi été un mollusque terré dans son coquillage.

Il a fallu que je devienne mère pour commencer à sortir de cette coquille, me découvrir moi-même, prendre conscience de la gravité de ce qui m'était arrivé à douze ans et après.

Si Léa était harcelée à l'école, je voudrais qu'elle m'en parle. Moi, je n'en ai parlé à personne, pas même à mon journal intime. Alors, je voudrais que ma fille en parle, si cela survenait. Comme cette petite que j'ai aidée au sein de mon association qui vient en aide aux familles monoparentales. Je la réconforterais, là où la Christine de douze ans n'est allée chercher aucun soutien. J'irais faire un scandale au collège, là où mes parents n'ont pas pu le faire parce qu'ils n'étaient pas au courant. Je ferais du bruit, là où personne n'a rien dit. J'irais débusquer les harceleurs, comme je l'ai fait quarante ans plus tard pour moi, et surtout pour les autres victimes.

Car, oui, la honte doit changer de camp. Ce que j'ai subi n'est pas un viol et n'a rien de comparable avec cette abomination faite aux femmes courageuses qui témoignent aujourd'hui. Il n'en demeure pas moins que, aujourd'hui encore, quel que soit leur domaine de prédilection, les harceleurs ont en général une paix royale.

Ils déshumanisent sans être inquiétés.

Et, s'ils le sont, ils usurpent l'habit de victime.

Ce qui ne nous tue pas nous rend plus fort. Moi, l'enfant déshumanisée, avant de me construire comme adulte, j'ai quand même tenté de devenir forte. Mais la honte que j'ai éprouvée, cette honte d'exister qui, au fond, m'a toujours poursuivie, c'est vrai, elle doit changer de camp.

Je me suis toujours demandé pourquoi ce paradoxe entre ma timidité et ma carrière à la télévision. Cette volonté bien ancrée de me cacher tout en exerçant un métier public. Cette volonté de ne pas me préoccuper de mon apparence, tout en étant devant une caméra. Ce chemin professionnel sur lequel je me suis aventurée sans jamais penser un seul instant que la télévision serait réellement mon métier. Là aussi, je me suis posé tant de questions. Pourquoi ai-je cette distance avec la télévision, qui fait que je pourrais m'en passer, mais que je ne pourrais pas être inactive ? Je me suis toujours interrogée sur ce paradoxe entre ma distance, très ancrée, avec mon image, alors que je fais précisément un métier d'image. J'avais, il y a quelques années, quitté l'antenne durant six mois pour écrire un livre. J'étais alors sur LCI, six mois sans solde et sans antenne. Pourtant, je me suis sentie si bien. Également, j'avais quitté l'antenne pendant neuf ans, du fait de mon mandat au CSA (Arcom), plus trois ans d'interdiction de médias par la suite, afin d'éviter tout conflit d'intérêts. Épanouie à l'antenne, je suis tout aussi sereine hors caméra. Mais, je le sais aussi, la télévision m'a aidée à me confronter à moi-même. À avancer en faisant fi de mon apparence, mais à m'interroger au bout du compte sur mon corps qui me permet de travailler.

Ce qui est fascinant, je crois, c'est que mon salut vient du public.

Mon salut vient des téléspectateurs.

Mon salut vient de ces gens croisés dans la rue, qui m'arrêtent et dont les yeux me parlent :

– On sait qui vous êtes vraiment, Christine. On vous aime.

J'étais à Arcachon ce jour-là, devant une soixantaine d'hommes et de femmes qui m'avaient invitée à raconter mon parcours. Avant tout, chacun s'est levé pour se présenter. Un sur deux terminant sa phrase ainsi :

– Christine, je vous aime.

L'organisateur se penche alors vers mon oreille et me chuchote :

– Je n'ai jamais vu de telles déclarations d'amour à une personnalité. Je n'ai jamais vu une telle ambiance. Je n'ai jamais vu cela, pourtant, j'organise ce genre de rencontre depuis plus de vingt ans.

J'en ai eu les larmes aux yeux. Je les retiens. Beaucoup ont compris mieux que moi qui j'étais vraiment. Ces regards bienveillants s'accompagnent parfois de mots qui me bouleversent profondément, ce trouble résonnant au plus profond de moi.

Ces encouragements ont comblé pendant de longues années un vide que je n'arrivais pas à remplir. Depuis la cassure au collège, ce vide ne m'avait pas quittée.

Ce n'est que maintenant, après mon passage de l'autre côté de la cinquantaine, que je parviens à me reconnecter avec moi-même. Peut-être que, enfin, je reflète ce que je suis vraiment.

Vos mots, vos encouragements me font du bien. Non pas dans la superficialité, mais dans la profondeur de l'âme. Les encouragements, certes, s'envolent aussitôt après m'avoir enlacée. J'ai tendance à les oublier trop vite. Chaque fois est comme une première fois, la première fois que l'on me dit : « On vous aime. »

Je vous ai parlé des insultes publiques. Je vous parle aussi de l'adhésion du public. Elle n'est bien sûr pas unanime, mais je suis réconciliée avec moi-même. Jamais je ne me suis sentie si bien en phase, si épanouie, si sereine. Je sais qui je suis. Les autres voient qui je suis. Il suffit de m'observer pour voir qui je ne suis pas.

De fausses étiquettes m'ont été collées sur le front, comme à tant d'autres. Et après ?

Depuis le jugement, mon rapport à ma santé et donc ma perte de poids, depuis les soins que je m'accorde, marche, massages, sauna, enfin, quelque chose est en train de prendre sa place. Quelque chose qui s'impose non par la violence des attaques dont je suis encore l'objet, mais par la constance des regards bienveillants du public. Ce public qui n'écoute que ce qu'il ressent.

– Vous savez, Christine, dans mon travail, je fais exactement comme vous ! Quand tout le monde s'énerve, je reste calme. C'est la meilleure méthode. Je me dis souvent : « Je fais comme Christine. »

Le chemin a été long et il l'est encore. Le chemin vers soi-même. Ce chemin qui vous rend plus forte et vous permet de trouver votre place. Ainsi, le regard des autres reste lui aussi à sa place. Les fausses informations à mon sujet, en permanence, restent à leur place, les persécuteurs restent à leur place : celle que je leur ai attribuée.

Le téléspectateur sait.

Pendant des années, j'ai fait le dos rond et j'ai avancé derrière un mur, un bouclier.

Aujourd'hui, je le range.

Car, mon bouclier, c'est vous.

Table des matières

Cet ouvrage a été imprimé en France par
CPI Brodard & Taupin
Avenue Rhin et Danube
72200 La Flèche (France)

pour le compte des Éditions Fayard
13 rue du Montparnasse, 75006 Paris
info-fayard@editions-fayard.fr
en août 2025

Composition et mise en pages
Nord Compo à Villeneuve-d'Ascq

PAPIER CERTIFIÉ

N° d'édition : 69-1654-0/01 - N° d'impression : 3061843